Re

MW01688572

# Les institutions de la France

(V$^{e}$ République, 4 octobre 1958)

Bernard de Gunten
Arlette Martin
Mauricette Niogret

Mis à jour en mars 2006

Nathan

# sommaire

## État



## Vie politique

## Administration



## Collectivités locales



## Justice

## International

# mode d'emploi

**Divisé en six parties, l'ouvrage s'organise par doubles pages.**
**Chaque double page fait le point sur une notion.**

## à gauche

Une page synthèse apporte toutes les informations pour comprendre le sujet de la double page.

## à droite

Une page pratique développe un point particulier qui illustre et complète la page de gauche.

*Le menu aide à repérer les six parties du livre.*

*Le titre annonce le thème de la double page.*

*L'introduction cerne le sujet.*

*Le titre de la page de droite met en lumière un point particulier.*

État
Vie politique
Administration
Collectivités locales
Justice
International

### Comment est votée une loi ?

**Le vote de la loi se fait selon un mécanisme complexe. Le texte est examiné successivement par les deux assemblées car c'est un texte identique qui doit être adopté. Le pouvoir législatif constitue la part importante du travail de l'Assemblée nationale et du Sénat.**

#### L'initiative et le dépôt du texte

Elle appartient au Premier ministre, au nom du gouvernement, c'est alors un projet de loi ; à chaque député et à chaque sénateur, c'est alors une proposition de loi.

Le projet de loi ou la proposition est déposé sur le bureau de l'Assemblée nationale [*p. 42*] ou du Sénat [*p. 44*]. Le projet de loi des finances est soumis d'abord à l'Assemblée nationale.

#### L'examen par une commission

Le texte est alors examiné par l'une des six commissions permanentes [*p. 46*] de l'assemblée saisie ou par une commission spéciale créée à cet effet. La commission désigne un rapporteur.

La conférence des présidents [*p. 46*] fixe l'ordre du jour en tenant compte des priorités fixées par le gouvernement.

La discussion s'ouvre par l'intervention du rapporteur qui présente le texte et les conclusions de la commission. Ensuite les orateurs inscrits donnent l'avis de leur groupe politique [*p. 46*] sur le texte. Commence ensuite la discussion par article. Le texte initial peut subir des modifications appelées amendements.

#### Le vote

Pour éviter les amendements, le gouvernement peut recourir à la procédure du « vote bloqué ». Il oblige l'assemblée saisie à adopter le texte tel qu'il est ou à le repousser sans pouvoir le modifier. Il peut engager sa responsabilité à propos d'un projet de loi.

Un texte est voté quand il est adopté en termes identiques par l'Assemblée nationale et le Sénat.

#### La promulgation

Quand la loi est votée, le président de la République [*p. 34*] la signe et la date, dans un délai de quinze jours : c'est la promulgation. Pendant ce délai, le président peut demander au Parlement une nouvelle délibération de la loi.

La loi peut être soumise au Conseil constitutionnel [*p. 56*] à la demande du président de la République, du Premier ministre, du président de chaque assemblée, ou de soixante députés ou sénateurs.

48

### LA NAVETTE PARLEMENTAIRE

Pour être adopté définitivement, un texte législatif doit être examiné successivement par les deux assemblées. Ces lectures se poursuivront jusqu'à l'adoption d'un texte identique.

#### Situation 1

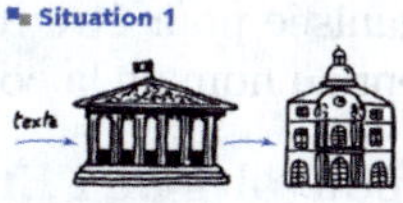


L'Assemblée nationale adopte le texte en première lecture.
Le texte est examiné par le Sénat qui l'adopte dans les mêmes termes.
La procédure est terminée, la loi est votée.

#### Situation 2

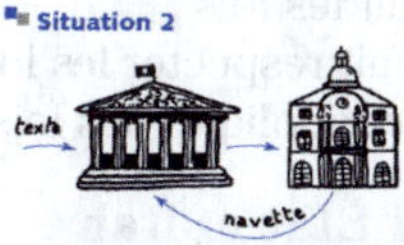


L'Assemblée nationale examine le texte en première lecture.
Le Sénat modifie le texte transmis.
Le texte retourne à l'Assemblée nationale. C'est le début du va-et-vient entre les deux assemblées qu'on appelle « navette parlementaire ».
Si, après deux lectures dans chaque assemblée, le texte est adopté en termes identiques, la loi est votée.

#### Situation 3

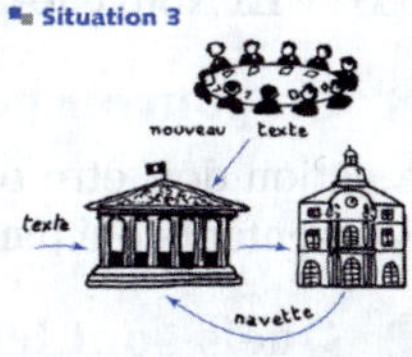


Après deux lectures dans chaque assemblée, il est possible que le désaccord persiste. Le Premier ministre peut demander la réunion d'une « commission mixte paritaire » formée de sept députés et de sept sénateurs. Cette commission élabore un nouveau texte soumis à chaque assemblée. Si ce nouveau texte est voté par les deux chambres, la loi est adoptée, sinon le Premier ministre demande aux députés de trancher.

#### Le *Journal officiel*

C'est dans le *Journal officiel* que sont publiés les textes de lois et les décrets. Une loi ne peut être appliquée que lorsque les décrets d'application sont parus au *Journal officiel*. Avant cette parution, même votée par le Parlement, la loi ne peut être appliquée. On peut consulter le *Journal officiel* dans une mairie, à la sous-préfecture ou sur Internet, on peut également s'y abonner (26, rue Desaix, 75015 Paris. Site Internet : www.Journal-officiel.gouv.fr).

49

*Les sous-titres permettent de saisir l'essentiel en un coup d'œil.*

*L'encadré apporte une précision, un détail inattendu.*

# Qu'est-ce qu'un État ?

**« Chef d'État », « conflit entre États », « État souverain », autant d'expressions couramment employées. Trois conditions doivent être réunies pour assurer l'existence d'un État : une nation, un territoire, un pouvoir politique. Un État doit être reconnu par la communauté internationale.**

## Une nation

On appelle nation un peuple lié par une histoire commune et parlant généralement la même langue. La nation est donc un ensemble humain plus ou moins homogène, car il existe des différences de dialectes et de croyances.

## Un territoire

Un territoire est limité par des frontières : un peuple sans territoire n'a pas d'existence étatique. Ce territoire peut être d'un seul bloc ou morcelé. La France est composée de départements métropolitains, de 4 départements d'outre-mer (DOM), de régions d'outre-mer (ROM). Les TAAF (terres australes et antarctiques françaises) restent le seul territoire d'outre-mer. La catégorie des TOM n'apparaît plus dans la Constitution après le 28 mars 2003 : « La Nouvelle-Calédonie dispose d'un statut particulier ».

## Un pouvoir politique

La nation doit être organisée pour être reconnue. Elle se donne des lois, se choisit des représentants qui parlent au nom de la communauté humaine.

## Quels sont les pouvoirs de l'État ?

Il est d'usage de mettre en évidence trois pouvoirs qui sont indépendants les uns des autres. C'est le principe de la séparation des pouvoirs :
– le pouvoir législatif fait les lois ;
– le pouvoir judiciaire fait respecter les lois ;
– le pouvoir exécutif fait appliquer les lois.

## État fédéral ou État unitaire

Il existe dans le monde un peu plus de 230 États. On peut schématiquement les classer en deux catégories selon la structure qu'ils se sont choisie : l'État est soit fédéral, soit unitaire.

## Un État a un nom : la France

– un drapeau : tricolore (bleu, blanc, rouge) ;
– une devise : Liberté, Égalité, Fraternité ;
– une fête nationale : le 14 juillet ;
– un hymne : la *Marseillaise* ;
– une langue officielle : le français ;
– un emblème héraldique : le coq gaulois ;
– un emblème allégorique, symbole de la République : Marianne (buste, timbre).

# ÉTAT FÉDÉRAL OU ÉTAT UNITAIRE ?

## L'État fédéral

En général, les États fédéraux sont des États à grande superficie où cohabitent parfois plusieurs races ou plusieurs langues.
Dans l'État fédéral, il y a partage de responsabilités entre les États membres et le pouvoir fédéral.

• **Les États-Unis** forment aujourd'hui une fédération de cinquante États. Le gouvernement de Washington assure la défense, les relations internationales, la monnaie. Chacun des cinquante États possède sa Constitution, deux chambres et un gouverneur. Leur autonomie est grande en ce qui concerne la justice (la peine de mort), le système scolaire.

• **La République fédérale d'Allemagne** comprend, depuis la réunification en octobre 1990, l'ex-RFA et l'ex-RDA. Elle se compose de seize États ou *Länder*. La politique étrangère, la monnaie, le système judiciaire sont du domaine de la Fédération. Les *Länder* assurent sur leur territoire l'enseignement, la police, le maintien de l'ordre et l'application des lois fédérales.

• **La Suisse** ou Confédération helvétique est un État fédéral formé de cantons ayant chacun leur Constitution. Les autorités fédérales assurent la sécurité, les affaires étrangères, la monnaie et le droit. On parle en Suisse quatre langues officielles : l'allemand, le français, l'italien et le romanche.

## L'État unitaire

Un État est dit unitaire lorsqu'on n'y trouve qu'un seul centre d'impulsion politique. Les citoyens de l'État unitaire obéissent à une seule et même autorité.

• **La France** est un État unitaire car les lois et le système judiciaire sont les mêmes sur tout le territoire. Cependant, elle a une organisation décentralisée (art. 1 de la Constitution modifié par le Congrès en 2003).

• **La Chine**, selon sa Constitution, est un « État unifié multinational », c'est-à-dire un État unitaire quoique composé de provinces.

## Un exemple de décentralisation au profit des régions

La Belgique comprend trois communautés (française, flamande et germanophone) qui règlent l'enseignement, la santé, les affaires culturelles et trois régions (wallonne, flamande, bruxelloise) qui s'occupent des matières régionalistes comme l'environnement, le logement, l'économie et l'emploi.
La Belgique a un drapeau national (noir, jaune et rouge) mais aussi un drapeau par communauté : le lion noir sur fond jaune avec langue et griffes rouges pour la communauté flamande, le coq rouge sur fond jaune pour la communauté française et le lion rouge surmonté d'une couronne sur fond blanc pour la communauté germanophone.

### Logo de l'administration française

Le logo de l'administration française représente une Marianne stylisée fondue dans le drapeau bleu-blanc-rouge, qui symbolise le pays depuis 1794.

*Liberté • Égalité • Fraternité*
RÉPUBLIQUE FRANÇAISE

État
Vie politique
Administration
Collectivités locales
Justice
International

# L'organisation politique de l'État

**La participation, plus ou moins grande, de chaque citoyen dans le choix de ses dirigeants permet de distinguer les différents régimes politiques les uns des autres.**

## Qui dirige l'État ? Monarchie ou république ?

La monarchie est le pouvoir exercé par un seul individu (le roi), il se transmet de façon héréditaire. En république (*res publica* : la chose publique), le pouvoir est la « chose » de tous et il y a des élections.

Actuellement, certains monarques ont moins de pouvoirs, en Grande-Bretagne ou en Suède, par exemple, que certains présidents de la République, en France ou aux États-Unis.

## Quel est le rôle du citoyen ? Dictature ou démocratie ?

Le régime dépend des possibilités réelles de participation ou d'intervention des citoyens.

*La dictature* : les citoyens ne participent pas à l'élaboration des décisions et ne peuvent contester. Il n'y a pas d'opposition qui puisse s'exprimer, la liberté d'expression est restreinte. Le pouvoir s'appuie sur une police qui applique aveuglément ses décisions et procède à des arrestations arbitraires. Le plus souvent la dictature maintient son pouvoir par la force.

*La démocratie* : les citoyens participent à l'élaboration des décisions, soit directement, soit par leurs élus. La démocratie libérale privilégie la liberté des individus et leur participation au pouvoir (plusieurs partis, élections [*p. 23*]). Dans la démocratie marxiste [*p. 16*], le poids de la société, dans son intérêt collectif, est le plus fort. Les libertés individuelles sont limitées. Il n'y a qu'un seul parti. La démocratie marxiste, comme la dictature, sont des régimes totalitaires.

## Comment les citoyens participent-ils ?

Dans une démocratie libérale, chaque citoyen peut faire connaître son opinion, exercer son influence pour les choix importants de la nation, faire respecter les libertés publiques et désigner les gouvernants.

La participation des citoyens à l'exercice du pouvoir s'exerce par un droit de vote à des élections libres et régulières. Le choix du mode des élections a une influence très grande sur la vie politique d'un État et sur les rapports entre les élus et les citoyens.

Le vote est un suffrage universel lorsque le droit d'exprimer sa volonté n'est pas réduit par des conditions de fortune, de sexe, de capacité, d'hérédité, mais il peut comporter des exclusions dues à l'âge ou l'indignité. Le suffrage est restreint lorsque le droit de vote est réservé à certains citoyens et soumis à certaines conditions.

# POUR QU'UNE DÉMOCRATIE EXISTE

Tout le monde doit avoir le droit de voter. Seules conditions imposées : l'âge et la nationalité. En France, le suffrage universel est, pour les hommes, une réalité depuis 1848, pour les femmes depuis 1944.

Plusieurs partis doivent pouvoir exposer librement leurs conceptions et leurs programmes. Pour permettre au citoyen de choisir, ces partis doivent avoir accès à tous les moyens de communication : presse, radio, télévision…

Le citoyen doit pouvoir choisir librement, c'est-à-dire qu'il ne doit pas subir de pression de la part du gouvernement.

L'opposition doit pouvoir s'organiser, par exemple dans des assemblées. Elle doit pouvoir disposer des mêmes moyens d'information que la majorité.

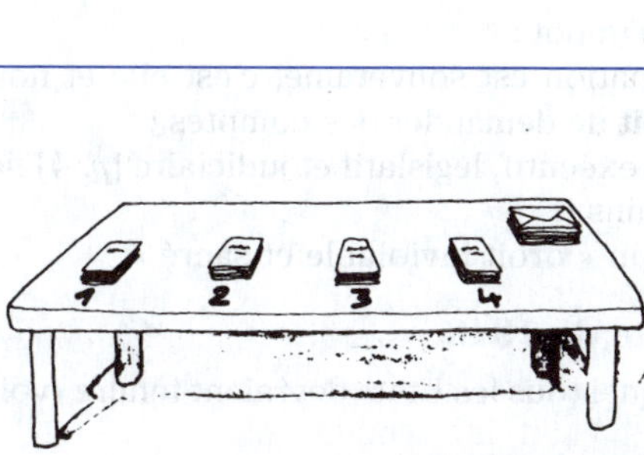

Le vote doit être secret. En France, les bulletins de vote doivent obligatoirement être imprimés sur du papier blanc et mis sous enveloppe, par chaque électeur, dans le secret de l'isoloir. Il y a un isoloir pour 300 inscrits.

# L'État et les droits de l'homme

**La Déclaration des droits de l'homme et du citoyen proclame en France, en 1789, les droits de l'homme libre et constitue une charte des libertés.**

## Le contexte historique de la Déclaration des droits de l'homme et du citoyen

Le 5 mai 1789 : Louis XVI convoque les états généraux.
Le 20 juin 1789 : lors du Serment du Jeu de Paume, les députés du tiers état se proclament Assemblée constituante.
Le 14 juillet : le peuple de Paris prend la Bastille.
Le 4 août 1789 : l'abolition des privilèges ébranle tout l'Ancien Régime.
Le 26 août 1789 : l'Assemblée constituante vote la Déclaration des droits de l'homme et du citoyen.

## Le contenu de la Déclaration des droits de l'homme et du citoyen

Ce texte reprend les grandes idées des philosophes du XVIIIe siècle, il énumère les droits essentiels de tout être humain [*p. 10*] :
- la qualité d'homme libre ;
- le droit à la sûreté de la personne ;
- l'égalité en droits ;
- la liberté de pensée et de culte ;
- la liberté d'expression ;
- la liberté d'accéder à tous les emplois.

Le contenu de la Déclaration des droits de l'homme et du citoyen n'a pas été immédiatement suivi d'effet, mais il a posé les principes auxquels nos constitutions modernes se réfèrent encore :
- le principe de la liberté individuelle [*p. 10*] : un individu ne peut être arrêté qu'en vertu d'une loi existante ;
- le principe de l'égalité devant la loi et devant l'impôt ;
- le principe de la souveraineté nationale : la nation est souveraine, c'est elle et non Dieu qui donne son pouvoir au roi. Elle a le droit de demander des comptes ;
- la séparation des pouvoirs : les trois pouvoirs, exécutif, législatif et judiciaire [*p. 4*] ne doivent pas être concentrés dans les mêmes mains ;
- le droit de propriété : il est reconnu comme un « droit inviolable et sacré ».

## La Déclaration des droits de l'homme de 1948

Universelle, elle se veut un idéal, un but vers lequel tous les États devraient tendre (voir page de droite).

# 1948 : LA DÉCLARATION UNIVERSELLE DES DROITS DE L'HOMME, UN TEXTE FONDATEUR

## Le contexte historique de la Déclaration universelle

Pour souligner l'importance historique de la Déclaration des droits de l'homme et du citoyen de 1789, les nations membres de l'ONU décidèrent de tenir exceptionnellement leur assemblée générale à Paris, pour y discuter et y voter la Déclaration universelle des droits de l'homme.

Le 10 décembre 1948 était adopté un texte d'une portée universelle, c'est-à-dire qui concerne tous les hommes sans distinction. Cette déclaration intervient après la Seconde Guerre mondiale qui a vu les droits de l'homme bafoués.

La Déclaration universelle des droits de l'homme est une « résolution ». Juridiquement, elle n'a qu'une force morale.

Pour donner une forme juridique obligatoire, elle est complétée par deux pactes internationaux en 1976 :

– le pacte international relatif aux droits économiques et culturels ;

– le pacte international relatif aux droits civils et politiques.

## Le contenu de la Déclaration universelle

La Déclaration universelle des droits de l'homme se compose d'un préambule et de trente articles.

• *Les droits économiques et sociaux* parmi lesquels figurent :

– le droit au travail (art. 23) ;

– le droit au repos (art. 24) ;

– le droit à un niveau de vie suffisant (art. 25) ;

– le droit à la sécurité en cas de maladie, invalidité… (art. 25).

• *La protection internationale des droits* : selon l'article 28, « toute personne a droit à ce que règne, sur le plan social et sur le plan international, un ordre tel que les droits et libertés énoncés dans la présente Déclaration puissent y trouver plein effet ».

• *Les droits et les devoirs* : la notion de droit est accompagnée d'une notion importante, celle de devoir envers la communauté.

• *Le rôle de l'éducation* : l'enseignement et l'éducation sont présentés dans le préambule comme les instruments nécessaires du progrès.

### La Convention des droits de l'enfant

Adoptée par l'ONU en 1989 et ratifiée par 150 États dont la France en 1990, cette Convention aborde, entre autres, les dix points suivants.

1 Le droit à l'égalité.
2 Le droit à une protection spéciale pour un développement dans des conditions normales.
3 Le droit à un nom et à une nationalité.
4 Le droit à une nutrition adéquate, à un logement et à des soins de santé.
5 Le droit à des soins particuliers en cas de handicap.
6 Le droit à l'amour, à la compréhension.
7 Le droit à l'éducation, au jeu et aux loisirs.
8 Le droit à être parmi les premiers secourus en cas de désastres.
9 Le droit à la protection contre la cruauté et l'exploitation.
10 Le droit d'être élevé dans un esprit de fraternité, de paix et de tolérance.

### Encyclopédie universelle des droits de l'homme

Cette base de données, regroupant les constitutions de 142 États et les textes de 400 traités internationaux, est disponible sur Internet : www.eudh.org.

**Tout sur les droits de l'homme et de l'enfant**

Plusieurs centaines de documents multimédias sur le site : www.droitspartages.org

# L'État et la liberté

**Les libertés accordées à l'individu, ou libertés publiques, donnent à l'homme la possibilité d'agir sans contrainte dans les limites de la loi. On peut distinguer trois grandes catégories : les libertés individuelles, les libertés politiques, les libertés économiques et sociales.**

## Les libertés individuelles

- *La sûreté* : elle protège contre des arrestations arbitraires. La loi délimite le permis et l'interdit. La personne soupçonnée doit avoir toutes les garanties pour sa défense.
- *La liberté d'aller et de venir* : c'est le droit de se déplacer et de choisir son domicile.
- *Le respect de la vie privée* : le domicile est inviolable, on ne peut y pénétrer sans autorisation ; il est interdit de poser des écoutes, de photographier pour un usage commercial.
- *Le secret de la correspondance* : nul n'a le droit d'ouvrir les lettres qui ne lui sont pas adressées.
- *Le secret professionnel* : ceux qui ont recueilli des informations de par leur profession (médecins, magistrats, experts-comptables…) n'ont pas à les divulguer.

## Les trois catégories de libertés publiques

| Les libertés individuelles | Les libertés politiques | Les libertés économiques et sociales |
|---|---|---|
| La sûreté de la personne<br>La libre circulation<br>Le choix du domicile<br>La liberté d'opinion<br>La liberté religieuse<br>La liberté d'enseignement<br>Le secret de la correspondance<br>Le secret professionnel | Le droit de vote<br>La liberté de réunion<br>La liberté d'association<br>La liberté d'expression<br>Le droit d'appartenir ou de ne pas appartenir à un parti politique | Le droit syndical<br>Le droit de grève<br>Le droit au travail et au choix d'un emploi<br>Le droit à la protection sociale |

## Les voies de recours : Cour européenne des droits de l'homme (CEDH)

- La CEDH est une juridiction auprès du Conseil d'Europe.
- Celui qui s'estime victime de l'État français à propos d'une violation des droits et libertés garantis par la Communauté européenne des droits de l'homme peut, depuis 1998, saisir la Cour européenne, après être allé en cassation.
- L'État pourrait être condamné à payer des indemnités.

Adresse : Conseil de l'Europe. 67006 Strasbourg.

## Le principe de la laïcité à l'école

Une mission d'information sur la question du port des signes religieux à l'école a rendu ses conclusions en décembre 2003. Début 2004, l'Assemblée nationale a adopté un projet de loi inséré dans le Code de l'éducation. À la rentrée 2004, les signes « ostensibles » seront proscrits à l'école.

# Où s'arrêtent les libertés ?

## La loi garantit le principe selon lequel la liberté individuelle s'arrête où commence celle des autres.

Pénétrer dans la propriété d'autrui constitue un délit. Seule l'autorité judiciaire peut perquisitionner pour les besoins d'une enquête sous le contrôle du juge d'instruction.

Signaler son changement de domicile est obligatoire pour les propriétaires d'une voiture, les condamnés avec sursis ou mise à l'épreuve, les hommes soumis au service militaire ou réservistes.

Faire valoir son droit de réponse est possible en cas de mise en cause par la presse, une chaîne de radio ou de télévision.

Respecter le secret professionnel concerne les professions de santé, les travailleurs sociaux, les personnels de justice, de l'administration fiscale, les ministres du culte. Cependant le secret peut être levé dans l'intérêt de l'État ou de la justice.

Se défendre contre la publication d'une photographie privée est possible, mais pas en cas de participation à un événement public.

Poser des écoutes téléphoniques est interdit aux simples citoyens.

Refuser l'entrée d'un lieu public en raison d'une discrimination raciale est puni par la loi.

Refuser de vendre à des personnes d'une nation, d'une ethnie, d'une religion déterminées est puni par la loi.

Injurier ou diffamer en matière raciale constitue un délit.

La liberté de la presse est garantie par la Constitution et reconnaît le droit de publier ce que l'on veut. Cependant la loi réprime le délit de « fausses nouvelles » qui pourraient troubler l'ordre public. Sont aussi considérées comme délits : la diffamation, l'injure, la provocation à la haine ou à la discrimination raciale. Un texte punit « l'offense au président de la République » et aux chefs d'État étrangers et aux diplomates.
La charte du journaliste fixe des règles de déontologie :
– un journaliste prend la responsabilité de ses écrits ;
– il doit s'abstenir de calomnier, de plagier, d'utiliser des moyens déloyaux pour s'informer ou de falsifier des documents.

### La CNIL

La CNIL ou Commission nationale de l'informatique et des libertés est une autorité administrative, indépendante, créée en 1978. Elle siège au 21, rue Saint-Guillaume 75340 Paris cedex 07 (site Internet : www.cnil.fr). Son but est de veiller au respect de la loi en cas d'atteinte à la vie privée et aux libertés.
L'avis de la CNIL doit être sollicité avant toute transmission au Parlement d'un projet de loi créant un traitement automatisé de données nominatives. (ex. Carte d'identité électronique).

# Une monarchie constitutionnelle : le Royaume-Uni

**Le Royaume-Uni pratique un régime parlementaire. Le gouvernement peut dissoudre la Chambre des communes qui peut elle-même, par un vote, obliger le gouvernement à démissionner.**

Bien que n'ayant pas de constitution, le Royaume-Uni est l'une des plus vieilles monarchies constitutionnelles basée sur des lois fondamentales très anciennes.

## Le pouvoir exécutif

Il est détenu par le Souverain et le Cabinet. L'ensemble des pouvoirs du Souverain constitue la Couronne.

### *Le Souverain*

L'accession au trône est héréditaire. Elle est réglée par une loi de 1701 : les fils du souverain, puis les filles par rang d'âge. Les prétendants doivent appartenir à l'église anglicane. Le souverain actuel, la reine Elizabeth II d'Angleterre, accéda au trône en 1952, à la mort de son père Georges VI.

### *La Couronne*

La Couronne est une institution juridique. Cette institution possède un ensemble de pouvoirs appelé « la prérogative royale » ; nommer à certains emplois civils ou militaires, convoquer et dissoudre le Parlement, promulguer les lois, faire la paix ou la guerre, exercer le droit de grâce. Ces pouvoirs sont, en réalité, exercés par le Cabinet, c'est-à-dire par l'ensemble formé par le Premier ministre et son gouvernement.

### *Le Cabinet*

Le Premier ministre est choisi par le roi ou la reine, mais ce doit être obligatoirement le chef du parti majoritaire de la Chambre des communes.
Le Premier ministre choisit et forme son gouvernement.

## Le pouvoir législatif

Le pouvoir législatif est exercé par le Parlement. Il est composé de deux assemblées, la Chambre des communes et la Chambre des lords.

### *La Chambre des communes*

Les députés sont élus au suffrage universel direct [*p. 20*], au scrutin uninominal majoritaire à un tour, pour cinq ans.
La Chambre des communes discute et vote les lois et le budget.

### *La Chambre des lords*

Composée de membres héréditaires ou nommés à vie par la Couronne, elle a vu son pouvoir diminuer au profit des Communes.
Actuellement elle n'a plus de pouvoir sur les textes de lois, à caractère financier. Pour les autres lois, elle n'a qu'un veto suspensif.

# POUVOIR EXÉCUTIF ET POUVOIR LÉGISLATIF

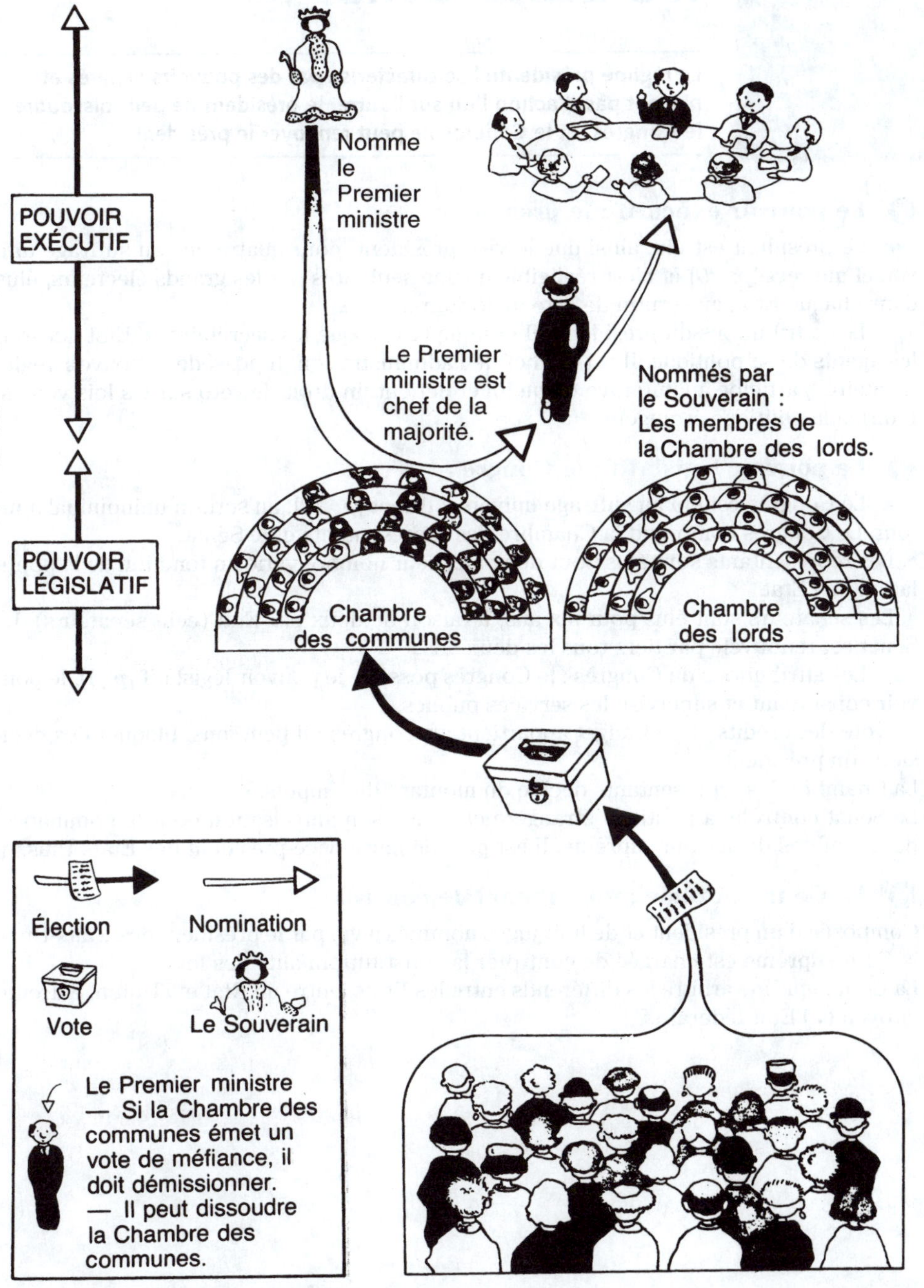

# Un régime présidentiel : les États-Unis

**Le régime présidentiel se caractérise par des pouvoirs séparés et n'ayant pas d'action l'un sur l'autre, le président ne peut dissoudre le Congrès, et le Congrès ne peut renvoyer le président.**

## Le pouvoir exécutif : le président

Le président est élu, ainsi que le vice-président, pour quatre ans au suffrage universel indirect [*p. 20*] et n'est rééligible qu'une seule fois par les grands électeurs, élus dans chaque État, au scrutin de liste majoritaire.

Les attributions du président : il nomme et révoque les secrétaires d'État qui sont les agents de sa politique. Il est le chef de l'administration. Il possède le pouvoir réglementaire, participe à l'initiative d'une loi et détient un droit de veto sur les lois votées. Il dirige la politique étrangère.

## Le pouvoir législatif : le Congrès

Le Congrès est élu au suffrage universel direct [*p. 20*], au scrutin uninominal à un tour. Le Congrès comprend la Chambre des représentants et le Sénat.

- Les représentants sont élus pour deux ans, leur nombre varie en fonction de la population de l'État.
- Les sénateurs sont élus pour six ans, à raison de deux par État (cent sénateurs). Le Sénat est renouvelé par tiers tous les deux ans.

Les attributions du Congrès : le Congrès possède le pouvoir législatif [*p. 4*], le pouvoir constituant et supervise les services publics.
Le vote des crédits et du budget appartient au Congrès ; il peut ainsi bloquer des décisions du président.
La Chambre des représentants décide du montant des impôts.
Le Sénat contrôle la politique étrangère et donne son autorisation pour la nomination des membres de la Cour suprême. Il est présidé par le vice-président des États-Unis.

## La Cour Suprême : un tribunal de contrôle

Composée d'un président et de huit juges nommés à vie par le président des États-Unis, la Cour suprême est chargée de contrôler la constitutionnalité des lois.
La Cour suprême arbitre les différends entre les États, entre un État et l'Union, entre un citoyen et l'État fédéral.

# POUVOIR EXÉCUTIF ET POUVOIR LÉGISLATIF

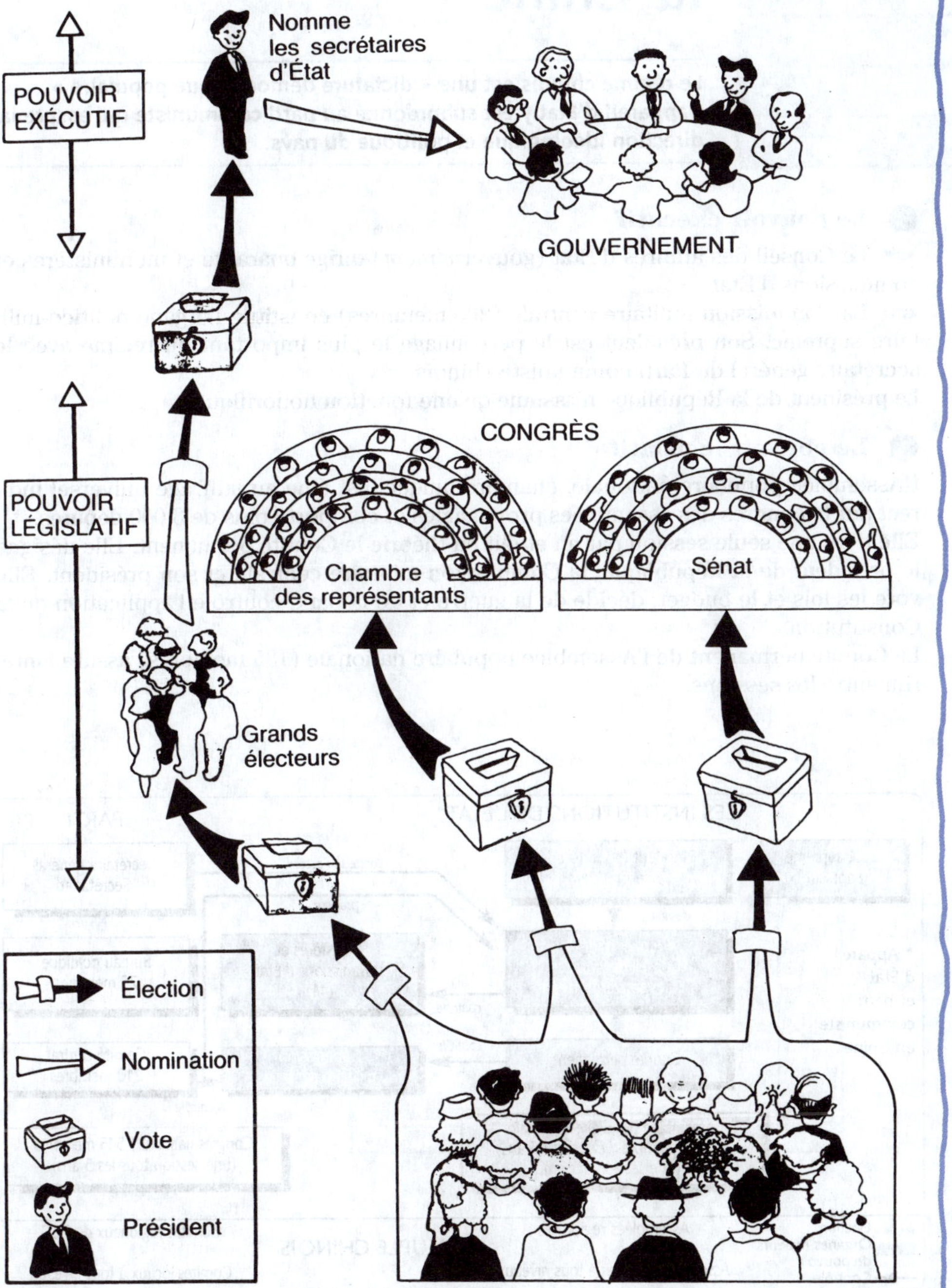

# Une démocratie populaire : la Chine

**Le régime chinois est une « dictature démocratique populaire ». L'appareil d'État y est subordonné au parti communiste qui assure la direction idéologique et politique du pays.**

## Le pouvoir exécutif

- Le Conseil des affaires d'État (gouvernement) dirige quarante et un ministères et commissions d'État.
- La Commission militaire centrale (200 membres) constitue l'organe politico-militaire suprême. Son président est le personnage le plus important du régime avec le secrétaire général du Parti communiste chinois.

Le président de la République n'assume qu'une fonction honorifique.

## Le pouvoir législatif

L'Assemblée populaire nationale, chambre unique, est élue au suffrage universel indirect par le congrès des assemblées provinciales et comporte plus de 3 000 députés. Elle tient une seule session par an et élit en théorie le Comité permanent. Elle désigne le président de la République, la Commission militaire centrale et son président. Elle vote les lois et le budget, décide de la guerre et de la paix, contrôle l'application de la Constitution.

Le Comité permanent de l'Assemblée populaire nationale (135 membres) assure l'intérim entre les sessions.

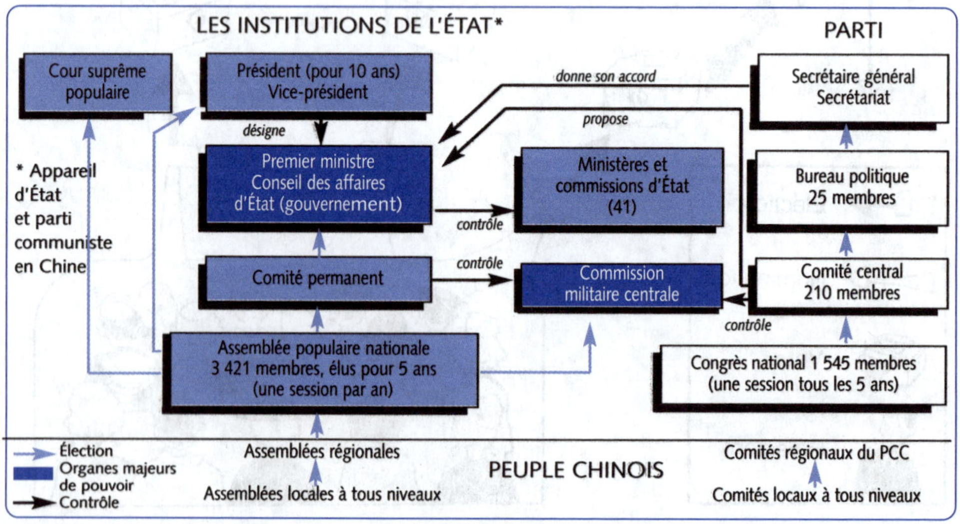

# POUVOIR EXÉCUTIF ET POUVOIR LÉGISLATIF

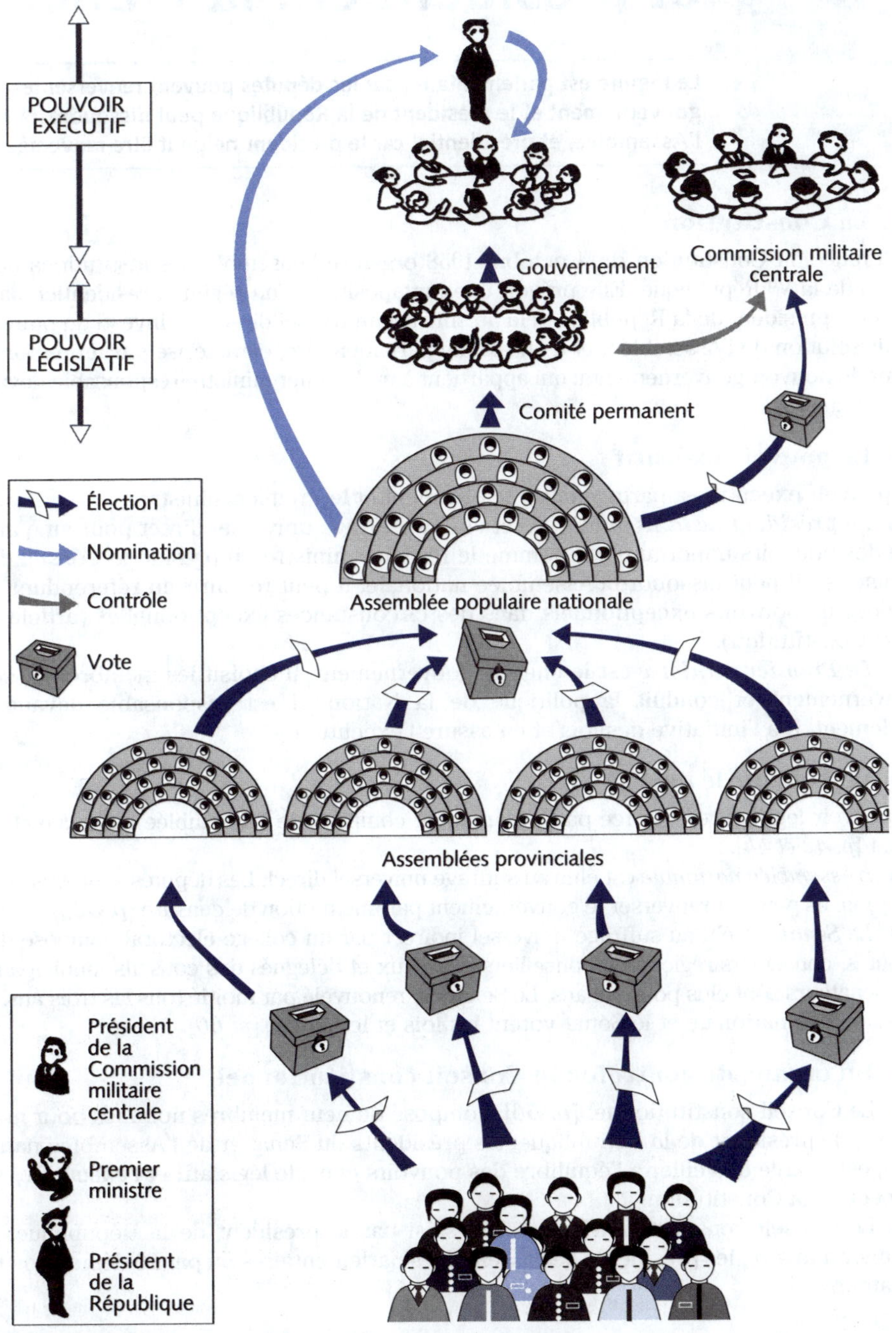

# Un régime parlementaire et présidentiel : la France

**Le régime est parlementaire, car les députés peuvent renverser le gouvernement et le président de la République peut dissoudre l'Assemblée, et présidentiel car le président ne peut être renversé.**

## La Constitution

En France, la Constitution du 4 octobre 1958 organise l'ensemble des institutions politiques de la V^e^ République. Elle prévoit une juxtaposition d'un régime présidentiel, dans lequel le président de la République élu au suffrage universel direct est investi du pouvoir de dissolution de l'Assemblée, et d'un régime parlementaire, caractérisé par un renforcement du pouvoir gouvernemental qui appartient à un Premier ministre responsable devant les députés.

## Le pouvoir exécutif

Le pouvoir exécutif est partagé entre le président et le Premier ministre.

- *Le président de la République* est élu au suffrage universel direct pour cinq ans. Il a des pouvoirs importants : il nomme le Premier ministre ; il préside le Conseil des ministres ; il peut dissoudre l'Assemblée nationale, il peut recourir au référendum ; il dispose de pouvoirs exceptionnels dans des circonstances exceptionnelles (article 16 de la Constitution).
- *Le Premier ministre* est le chef du gouvernement. Il choisit les membres de son gouvernement et conduit la politique de la Nation. Il est responsable devant le Parlement. Il a l'initiative des lois et en assure l'exécution.

## Le pouvoir législatif

Le pouvoir législatif est exercé par le Parlement composé de l'Assemblée nationale et du Sénat [*p. 42 et 44*].

- *L'Assemblée nationale* est élue au suffrage universel direct. Les députés sont élus pour cinq ans. Ils peuvent renverser le gouvernement par une motion de censure [*p. 52*].
- *Le Sénat* est élu au suffrage universel indirect par un collège électoral composé des députés, conseillers régionaux, conseillers généraux et délégués des conseils municipaux. Les sénateurs sont élus pour six ans. Le Sénat est renouvelé par moitié tous les trois ans.

L'Assemblée nationale et le Sénat votent les lois et le budget [*p. 60*].

## Un organe de contrôle : le Conseil constitutionnel

- Le Conseil constitutionnel [*p. 56*], composé de neuf membres nommés pour neuf ans par le président de la République, les présidents du Sénat et de l'Assemblée nationale, est chargé de veiller à l'équilibre des pouvoirs entre le législatif et l'exécutif et au respect de la Constitution.
- Le Conseil constitutionnel peut être saisi par le président de la République, le Premier ministre, les présidents des assemblées parlementaires ou par 60 députés ou 60 sénateurs.

# POUVOIR EXÉCUTIF ET POUVOIR LÉGISLATIF

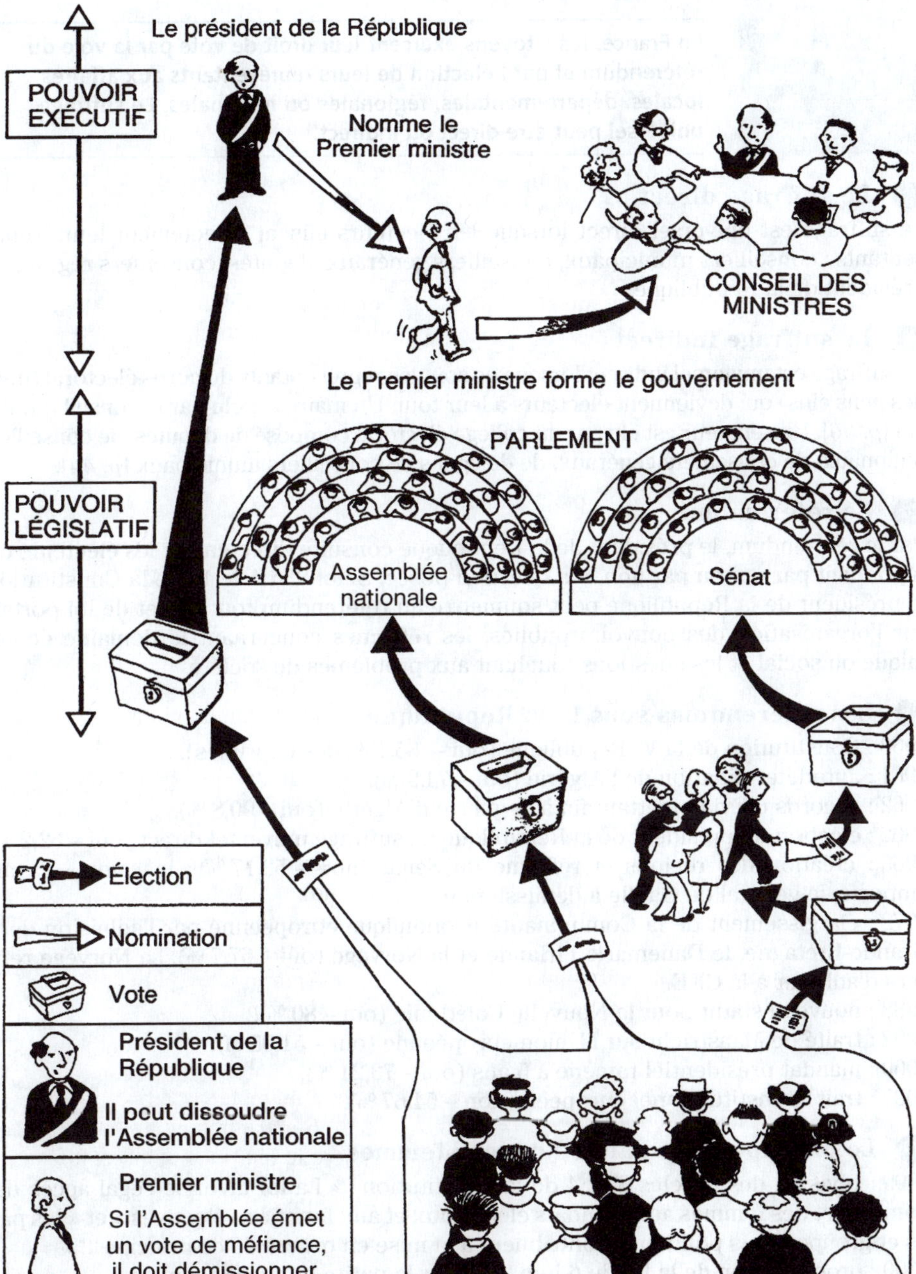

# Les consultations électorales

**En France, les citoyens exercent leur droit de vote par la voie du référendum et par l'élection de leurs représentants aux affaires locales, départementales, régionales ou nationales. Le suffrage universel peut être direct ou indirect.**

## Le suffrage direct

Le suffrage est universel direct lorsque les électeurs élisent directement leurs représentants : conseillers municipaux, conseillers généraux, députés, conseillers régionaux, président de la République.

## Le suffrage indirect

Le suffrage est universel indirect lorsque ce sont les représentants du corps électoral (donc des gens élus) qui deviennent électeurs à leur tour. Un maire est élu par le conseil municipal [*p. 96*]. Un sénateur est élu par un collège électoral composé de députés, de conseillers régionaux, de conseillers généraux, de délégués de conseillers municipaux [*p. 44*].

## Le référendum

Par le référendum, le président de la République consulte directement les électeurs qui répondent par oui ou par non à la question posée. Selon l'article 11 de la Constitution, le président de la République peut soumettre au référendum tout projet de loi portant sur l'organisation des pouvoirs publics, les réformes concernant le domaine économique ou social et les questions touchant aux problèmes de société.

## Les référendums sous la Vᵉ République

1958 : Constitution de la Vᵉ République (oui – 85,1 % des exprimés).
1961 : autodétermination de l'Algérie (oui – 74,9 %).
1962 : accords d'Évian mettant fin à la guerre d'Algérie (oui – 90,8 %).
1962 : élection du président de la République au suffrage universel direct (oui – 62,2 %).
1969 : création des régions et réforme du Sénat (non – 53,17 %) ; le « non » l'ayant emporté, le général de Gaulle a démissionné.
1972 : élargissement de la Communauté économique européenne par l'adhésion de la Grande-Bretagne, le Danemark, l'Irlande et la Norvège (oui – 67,7 %). La Norvège refusera d'adhérer à la CEE.
1988 : nouveau statut pour la Nouvelle Calédonie (oui – 80 %).
1992 : traité de Maastricht sur l'Union européenne (oui – 51,05 %).
2000 : mandat présidentiel ramené à 5 ans (oui – 73,21 %).
2005 : traité constitutionnel européen (non – 54,67 %).

## Le principe de la parité hommes-femmes

1999 : révision des articles 3 et 4 de la constitution : « La loi favorise l'égal accès des hommes et des femmes aux mandats électoraux et aux fonctions électives » et « les partis et groupements politiques contribuent à la mise en œuvre de ce principe… »
2000 : promulgation de la loi du 6 juin 2000 sur la parité hommes-femmes.

# Les élections françaises

## Élections municipales

Tous les six ans.
Suffrage universel direct.
Scrutin de liste selon un mode mixte (dans les communes de plus de 3 500 habitants).
Âge d'éligibilité : 18 ans.

## Élections des maires

Tous les six ans, après les élections municipales.
Suffrage indirect par chaque conseil municipal.
Scrutin uninominal majoritaire à 3 tours.
Âge d'éligibilité : 18 ans.

## Élections cantonales

Un conseiller général par canton.
Le renouvellement du conseil général a lieu par moitié tous les trois ans.
Suffrage universel direct.
Scrutin uninominal majoritaire à 2 tours.
Âge d'éligibilité : 18 ans.

## Élections régionales

Tous les 6 ans à compter de 2004.
Élection des conseillers régionaux.
Suffrage universel direct.
Scrutin proportionnel avec prime majoritaire.
Âge d'éligibilité : 18 ans.

## Élections législatives

Tous les cinq ans.
Élection des députés.
Suffrage universel direct.
Scrutin uninominal majoritaire à 2 tours.
Âge d'éligibilité : 23 ans.

## Élections sénatoriales

Le Sénat est renouvelé par moitié tous les trois ans.
Suffrage indirect.
Scrutin uninominal ou plurinominal majoritaire à deux tours dans les départements de 1 à 3 sénateurs.
Scrutin à représentation proportionnelle dans les départements de 4 sénateurs et plus (modification adoptée en 2003).
Âge d'éligibilité : 30 ans.

## Élections présidentielles

Tous les cinq ans.
Élection du président de la République.
Suffrage universel direct.
Scrutin uninominal majoritaire à deux tours.
Âge d'éligibilité : 23 ans.

## Élections européennes

Tous les cinq ans.
Élection des députés au Parlement européen à partir de 8 circonscriptions inter-régionales.
Suffrage universel direct.
Scrutin de liste à représentation proportionnelle.
Âge d'éligibilité : 23 ans.

## Élections professionnelles

Elles ne concernent pas tous les électeurs mais seulement ceux qui exercent une activité professionnelle et qui remplissent les conditions d'âge et d'ancienneté.
Élection des délégués du personnel, du comité d'entreprise, des conseillers prud'homaux, des membres élus des chambres de commerce et d'industrie, des chambres des métiers, des chambres d'agriculture.

### Le saviez-vous ?

Les femmes ont obtenu le droit de vote en France en 1944.
L'âge minimum requis pour voter est de 18 ans depuis 1974.
Pour éviter un télescopage avec les élections législatives et présidentielles en 2007 le Parlement a adopté deux projets de loi qui repoussent d'un an les élections municipales, cantonales et sénatoriales prévues en 2007.

# L'électeur et le vote

**En France, voter est un droit mais non une obligation, contrairement à ce qui se passe en Belgique ou au Luxembourg où l'abstention non justifiée est punie par une amende. Pour voter, il faut remplir certaines conditions et le vote se déroule suivant des règles précises.**

## Les conditions à remplir pour être électeur

Être majeur : avoir 18 ans.
Être français, ou naturalisé français.
Jouir de ses droits civils et politiques.
Être inscrit sur la liste électorale. La demande d'inscription sur une liste électorale doit être faite en mairie, avant le 31 décembre. Ceux qui ont 18 ans dans l'année sont convoqués par la mairie.
Le droit de vote et d'éligibilité aux élections municipales et européennes est accordé aux ressortissants de l'Union européenne résidant en France.

## La carte d'électeur

L'électeur inscrit reçoit sa carte d'électeur qui est renouvelée périodiquement. La carte électorale est suffisante pour voter dans les communes de moins de 5 000 habitants. Dans les communes de plus de 5 000 habitants, il faut aussi présenter une pièce d'identité. Cependant il est possible de voter sans carte électorale dans toutes les communes après vérification de l'identité et de l'inscription sur les listes.

## Le vote par procuration

- Il permet à un électeur (le mandant) de se faire représenter au bureau de vote, le jour du scrutin, par un autre électeur de son choix (le mandataire). Le mandataire peut représenter un électeur établi en France, ou un électeur établi en France et un hors de France, ou deux électeurs établis hors de France.
- Qui est admis à voter par procuration ? En fait :

– toute personne éloignée de la commune en raison de ses activités : marins, militaires, mariniers, citoyens hors de France…
– toute personne ne pouvant se déplacer le jour du scrutin : invalides à 85 %, malades, femmes en couche, les prisonniers en détention provisoire et les détenus sauf en cas d'incapacité électorale…
– toute personne ayant sa résidence et son travail dans un autre département que celui de la commune d'inscription ;
– les électeurs qui ont quitté leur résidence habituelle pour prendre des vacances.

Il convient de s'adresser soit au tribunal d'instance [*p. 116*], soit au commissariat de police, soit à la gendarmerie. Les Français hors de France s'adressent au consulat.

## Le vote par correspondance

Il a été supprimé en 1975 en raison des abus et fraudes auxquels il avait donné lieu.

## Le dépouillement

Il est opéré par les scrutateurs (au moins quatre par table) et en public.

# Le plan d'un bureau de vote

**Les assesseurs**
Ils sont désignés par les partis ou pris parmi les conseillers municipaux.

**L'urne**
Elle est transparente depuis le 1er janvier 1991.
Elle est munie de deux serrures ou d'un cadenas qui nécessiteront deux clés différentes.

**Des enveloppes bleues ou oranges**
L'électeur glisse son bulletin de vote dans une enveloppe.

**Un électeur de la commune volontaire**
Il donne les enveloppes fournies par la préfecture. Il veille à ce que chaque tas de bulletins ait toujours la même hauteur.

**La table de décharge**
On y trouve les enveloppes en nombre égal à celui des électeurs de la commune et les bulletins de vote.

**Les bulletins de vote**
Ils sont classés dans l'ordre des dépôts de candidature.

**Le président du bureau de vote**
C'est le maire ou un adjoint ou un conseiller municipal.

**Le secrétaire du bureau de vote**
Il tient le registre électoral où sont inscrits et signent les électeurs de la commune.

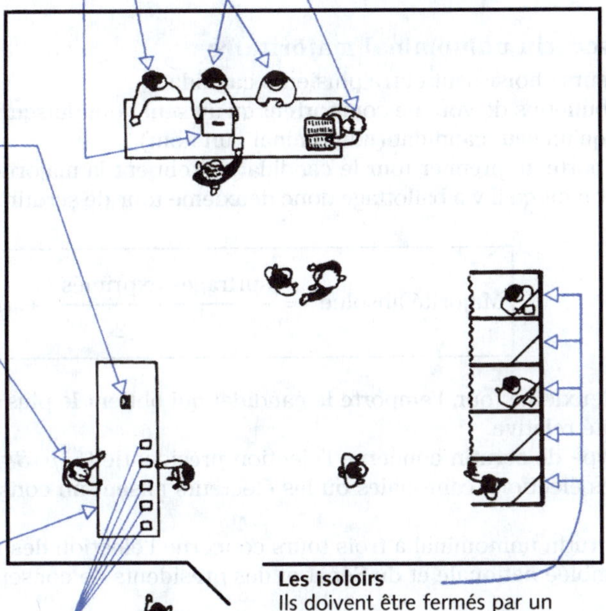

**Les isoloirs**
Ils doivent être fermés par un rideau court et préservent le secret du vote (1 isoloir pour 300 électeurs inscrits).

**Un agent de police**
Présent si le président du bureau de vote le souhaite. Il veille à ce que personne ne perturbe les élections.

## Abstention, vote nul et vote blanc : quelles différences ?

– l'abstention consiste à ne pas participer à une élection ou à un référendum ;
– le vote blanc consiste à déposer dans l'urne une enveloppe vide ou un bulletin blanc, sans nom ;
– le vote nul correspond à un bulletin surchargé, raturé ou déchiré.

## Consultation des listes électorales

On peut consulter les listes électorales et en prendre copie en s'adressant à la mairie. Il faut seulement être électeur (même dans une autre commune) et s'engager à ne pas utiliser cette liste à des fins commerciales. Les partis et les groupements politiques disposent du même droit.

# Le scrutin majoritaire

**Dans le scrutin majoritaire est considéré élu le candidat ou la liste qui obtient la majorité des voix. La majorité absolue correspond à la moitié des suffrages exprimés plus une voix. On distingue scrutin uninominal majoritaire et scrutin de liste majoritaire.**

## Le scrutin uninominal majoritaire

Les électeurs choisissent entre plusieurs candidats.

- Les bulletins de vote ne comportent qu'un seul nom puisque les électeurs n'auront à choisir qu'un seul candidat (uninominal : un nom).
- L'emporte au premier tour le candidat qui obtient la majorité absolue. Si personne n'est élu, on dit qu'il y a ballottage donc deuxième tour de scrutin.

$$\text{Majorité absolue} = \frac{\text{suffrages exprimés}}{2} + 1$$

- Au deuxième tour, l'emporte le candidat qui obtient le plus grand nombre de voix ou majorité relative.
- Ce type de scrutin concerne l'élection présidentielle [*p. 34*], les élections législatives et les élections cantonales où les électeurs élisent un conseiller général par canton.
- Le scrutin uninominal à trois tours concerne l'élection des maires, des présidents de l'Assemblée nationale et du Sénat et des présidents de conseils régionaux.

## Le scrutin de liste majoritaire

Les électeurs choisissent entre plusieurs listes de candidats.

- Les bulletins de vote comportent autant de noms que de candidats à élire (si cinq sièges sont à pourvoir, chaque liste comportera cinq noms...).

Les électeurs déposent une liste dans l'urne.

- L'emporte au premier tour la liste qui obtient la majorité absolue. Si aucune liste n'est élue, il y a ballottage et deuxième tour de scrutin.
- Au deuxième tour, l'emporte la liste qui obtient le plus grand nombre de voix ou majorité relative.

« Liste bloquée » : dans un scrutin de liste, on parle de « liste bloquée » quand l'électeur ne peut ni raturer, ni modifier, ni déposer une liste incomplète sous peine de voir son bulletin annulé.

# 10 000 ÉLECTEURS VOTENT

## Scrutin uninominal majoritaire

**Exemple 1**
Résultats du 1er tour :

*Candidat A* — *5 500 voix*
*Candidat B* — *3 100 voix*
*Candidat C* — *1 400 voix*

Suffrages exprimés : 10 000 voix.

Majorité absolue : 5 001 voix.
Le candidat A est élu au premier tour : le nombre de voix obtenues est supérieur à la majorité absolue. Il n'y aura pas de deuxième tour.

**Exemple 2**
Résultats du 1er tour :

*Candidat A* — *4 500 voix*
*Candidat B* — *3 600 voix*
*Candidat C* — *1 900 voix*

Suffrages exprimés : 10 000 voix.
Majorité absolue : 5 001 voix.
Aucun candidat n'est élu au premier tour, car aucun n'atteint la majorité absolue. Il y a ballottage. Au deuxième tour, sera élu le candidat arrivé en tête.

### Vote électronique

L'utilisation d'Internet ou de machines à voter électroniques n'apporte pas les mêmes garanties de transparence, de sécurité et de confidentialité que celle du bulletin de vote. Une loi d'expérimentation est envisagée pour les scrutins (référendums) locaux, de vote des expatriés, des élections consulaires ou professionnelles.

## Scrutin de liste majoritaire

**Exemple 1**
Résultats du 1er tour :

*Liste A* — *1 700 voix*
*Liste B* — *5 200 voix*
*Liste C* — *1 100 voix*
*Liste D* — *2 000 voix*

Suffrages exprimés : 10 000 voix.

Majorité absolue : 5 001 voix.
La liste B est élue au premier tour : le nombre de voix obtenues est supérieur à la majorité absolue. Il n'y aura pas de deuxième tour.

**Exemple 2**

Résultats au 1er tour :

*Liste A* — *1 900 voix*
*Liste B* — *4 900 voix*
*Liste C* — *1 100 voix*
*Liste D* — *2 100 voix*

Suffrages exprimés : 10 000 voix.
Majorité absolue : 5 001 voix.
Aucune liste n'est élue.

Résultats au 2e tour :

*Liste A* — *1 800 voix*
*Liste B* — *4 700 voix*
*Liste C* — *1 300 voix*
*Liste D* — *2 200 voix*

La liste B est élue à la majorité relative.

# Le scrutin proportionnel

**Le scrutin de liste à représentation proportionnelle consiste à attribuer à chaque liste qui se présente, un nombre de sièges proportionnel à son score. On prendra sur les listes les candidats dans l'ordre préférentiel, en nombre égal au nombre de sièges obtenus. Il n'y a qu'un seul tour de scrutin.**

## Le quotient électoral

Pour répartir les sièges entre les différentes listes, il faut d'abord déterminer le quotient électoral. Il s'obtient en divisant le total des suffrages exprimés (donc ni les bulletins blancs ou nuls) par le nombre de sièges à pourvoir. Chaque liste obtiendra autant de sièges que son score contiendra le quotient électoral.

$$\text{Quotient électoral} = \frac{\text{total des suffrages exprimés}}{\text{nombre de sièges à pourvoir}}$$

Exemple : Total des suffrages = 10 000 voix - Nombre de sièges à pourvoir = 3.
Quotient électoral : 10 000 divisé par 3 = 3 333.

## La plus forte moyenne - Le plus fort reste

L'application du quotient électoral ne permet pas de distribuer tous les sièges. Pour attribuer les sièges restants, il existe deux méthodes de calcul.

- La méthode de « la plus forte moyenne » qui consiste à diviser le nombre de voix de chaque liste par le nombre de sièges obtenus + 1.
- La méthode du « plus fort reste » qui consiste à soustraire du nombre de voix de chaque liste le total des quotients électoraux qu'elle peut contenir, à comparer ensuite les voix restantes.

Par opposition à la méthode de plus forte moyenne, la méthode du plus fort reste favorise les petites formations politiques.

## Quelles élections ont lieu à la proportionnelle ?

Les élections sénatoriales dans les départements qui ont droit à 4 ou plus de 4 sénateurs (sans panachage ni vote préférentiel).
Dans cette élection, la méthode de calcul utilisée est celle de la plus forte moyenne.
Les élections européennes ont lieu au scrutin proportionnel.

## La parité hommes-femmes

La loi du 6 juin 2000 instaure :
– pour les élections municipales, régionales, européennes, sénatoriales (pour les départements de 3 sénateurs et plus) que les listes doivent respecter l'alternance homme/femme et comporter un nombre égal de chaque sexe par tranche de 6 ;
– la loi ne s'applique pas aux communes de moins de 3 500 habitants ni aux élections cantonales.

# 10 000 ÉLECTEURS VOTENT

| *Liste A* | *Liste B* | *Liste C* | *Liste D* |
|---|---|---|---|
| *5 000 voix* | *2 700 voix* | *1 200 voix* | *1 100 voix* |

Total des suffrages exprimés : 10 000 voix.
Total des sièges à pourvoir : 5

**Méthode de la plus forte moyenne**

Quotient électoral : 10 000 divisé par 5 = 2 000. Donc 2 000 voix donnent droit à un siège.

Les différentes listes obtiennent :

| *Liste A* | *Liste B* | *Liste C* | *Liste D* |
|---|---|---|---|
| *5 000 / 2 000* | *2 700 / 2 000* | *1 200 / 2 000* | *1 100 / 2 000* |
| *= 2 sièges* | *= 1 siège* | *= 0 siège* | *= 0 siège* |

3 sièges seulement viennent d'être attribués, il en reste 2. Les listes ayant les plus fortes moyennes recevront, dans l'ordre, les 2 sièges non attribués. Pour calculer la moyenne de chaque liste, on divise son nombre de voix par le nombre de sièges qu'elle a obtenus auquel on ajoute 1, d'où :
moyenne liste A : 5 000/(2 + 1) = 1 666
moyenne liste B : 2 700/(1 + 1) = 1 350
moyenne liste C : 1 200/(0 + 1) = 1 200
moyenne liste D : 1 100/(0 + 1) = 1 100

Les listes A et B auront un siège supplémentaire.

Résultats définitifs :

| Liste A | Liste B | Liste C | Liste D |
|---|---|---|---|
| Trois sièges | Deux sièges | Aucun siège | Aucun siège |

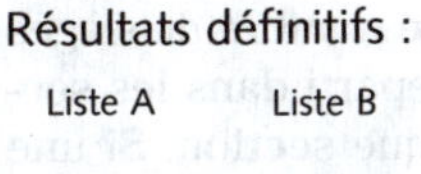

**Méthode du plus fort reste**

Quotient électoral : 10 000 divisé par 5 = 2 000. Donc 2 000 voix donnent droit à un siège.

Les différentes listes obtiennent :

| *Liste A* | *Liste B* | *Liste C* | *Liste D* |
|---|---|---|---|
| *5 000 / 2 000* | *2 700 / 2 000* | *1 200 / 2 000* | *1 100 / 2 000* |
| *= 2 sièges* | *= 1 siège* | *= 0 siège* | *= 0 siège* |

3 sièges seulement viennent d'être attribués, il en reste 2.
Les 2 sièges non attribués après la répartition avec le quotient électoral seront donnés aux deux listes ayant le plus fort reste.

Calcul des plus forts restes :

| | | |
|---|---|---|
| liste A : 5 000 - 2 (2 000) | = | 1 000 |
| liste B : 2 700 - 1 (2 000) | = | 700 |
| liste C : 1 200 - 0 | = | 1 200 |
| liste D : 1 100 - 0 | = | 1 100 |

Les listes C et D ont les plus forts restes et se voient attribuer un siège supplémentaire.

Résultats définitifs :

| Liste A | Liste B | Liste C | Liste D |
|---|---|---|---|
| Deux sièges | Un siège | Un siège | Un siège |

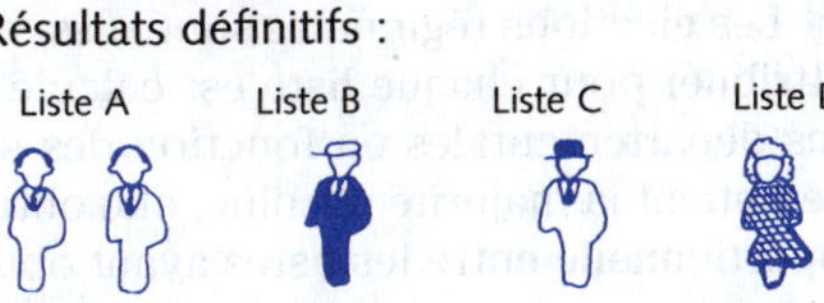

# Le scrutin proportionnel avec prime majoritaire

**Le scrutin de liste selon un mode mixte combine le scrutin majoritaire et le scrutin à représentation proportionnelle. Il est prévu deux tours de scrutin mais un seul peut suffire si une liste obtient la majorité absolue au 1^er^ tour.**

## Si une liste obtient la majorité absolue au 1er tour

- Une liste obtient au premier tour la majorité absolue (c'est-à-dire la moitié des suffrages plus une voix) : elle occupera la moitié des sièges à pourvoir. (On arrondit, si c'est nécessaire, au chiffre supérieur.)
- Le reste des sièges est réparti entre toutes les listes qui ont obtenu au moins 5 % des suffrages exprimés, y compris celle qui arrive en tête. Cette répartition se fait à la représentation proportionnelle, selon la méthode de la plus forte moyenne.
- Il n'y a qu'un seul tour de scrutin, le second tour ne se justifie pas.

## Si aucune liste n'obtient la majorité absolue au 1er tour

- Aucune liste n'obtient au premier tour la majorité absolue (c'est-à-dire la moitié des suffrages exprimés plus une voix) : il y a un deuxième tour de scrutin.
- Au deuxième tour, la liste qui obtient la majorité relative (c'est-à-dire le plus grand nombre de voix) recueille la moitié des sièges et le reste des sièges est réparti à la proportionnelle entre toutes les listes.

## La barre des 10 %

Seules les listes qui ont obtenu au moins 10 % des voix au premier tour du scrutin sont autorisées à se présenter au deuxième tour. Les listes ayant recueilli moins de 10 % des suffrages doivent se retirer du scrutin (elles pourront, toutefois, se représenter lors d'une autre élection).

## Quelles élections ont lieu selon un mode proportionnel avec prime majoritaire ?

- Les élections municipales [*p. 94*], dans les communes de plus de 3 500 habitants, ont lieu selon le mode mixte.
- Ce scrutin a été adopté pour les élections municipales par la loi du 19 novembre 1982. Il concerne 2 228 communes qui ont plus de 3 500 habitants. Dans les 33 387 communes de moins de 3 500 habitants, les élections municipales ont lieu au scrutin de liste majoritaire.
- Les élections régionales sont aussi concernées par ce scrutin. Le nombre de sièges à attribuer pour chaque liste est calculé à l'échelon régional puis réparti dans les sections départementales en fonction des suffrages obtenus dans chaque section. Si une liste obtient la majorité absolue, elle obtient le quart des sièges. Le reste est réparti à la proportionnelle entre les listes ayant obtenu 5 % des suffrages.

# 50 000 ÉLECTEURS VOTENT

## Exemple 1 (un tour)

45 sièges à pourvoir, chaque liste comporte donc 45 noms.

**Résultats du 1er tour :**

| *Liste A* | *Liste B* | *Liste C* |
|---|---|---|
| *30 000 voix* | *17 000 voix* | *3 000 voix* |

Suffrages exprimés : 50 000 voix.
Majorité absolue : 25 001 voix.

**Commentaire des résultats**

La liste A, dont le score est supérieur à la majorité absolue, obtient la moitié des sièges, soit 45/2 = 22,5 soit 23 sièges.
Il reste 22 sièges à distribuer entre les 3 listes, à la proportionnelle. Calcul du quotient électoral : 50 000 /22 = 2 272.
Distribution des sièges à l'aide du quotient électoral : liste A : 13 sièges ; liste B : 7 sièges ; liste C : 1 siège.
Il reste 1 siège à distribuer selon la méthode de la plus forte moyenne.
La moyenne pour la liste A est de : 30 000/(13 + 1) = 2 142 ;
pour la liste B : 17 000/(7 + 1) = 2 125 ;
pour la liste C : 3 000/(1 + 1) = 1 500.
La liste A qui a la plus forte moyenne prend un siège.

**Chaque liste obtient :**

| *Liste A* | *Liste B* | *Liste C* |
|---|---|---|
| *23 sièges* | *7 sièges* | *1 siège* |
| + *13 sièges* | + *0 siège* | + *0 siège* |
| + *1 siège* | = *7 élus* | = *1 élu* |
| = *37 sièges* | | |
| *37 élus* | | |

## Exemple 2 (deux tours)

45 sièges à pourvoir.

**Résultats du 1er tour :**

| *Liste A* | *Liste B* | *Liste C* |
|---|---|---|
| *23 000 voix* | *15 000 voix* | *12 000 voix* |

Suffrages exprimés : 50 000.
Majorité absolue : 25 001.
Aucune liste n'atteint la majorité absolue, il y a donc un deuxième tour.

**Résultats du 2e tour :**

| *Liste A* | *Liste B* | *Liste C* |
|---|---|---|
| *24 000 voix* | *14 000 voix* | *12 000 voix* |

Suffrages exprimés : 50 000.
On attribue la moitié des sièges à la liste A qui a la majorité relative.
Le reste est distribué à la proportionnelle entre les trois listes.

**Chaque liste obtient :**

| *Liste A* | *Liste B* | *Liste C* |
|---|---|---|
| *34 sièges* | *6 sièges* | *5 sièges* |

### Le CIDEM

Le CIDEM (association Civisme et Démocratie) a pour ambition de promouvoir le civisme et l'éducation à la citoyenneté.
Adresse : 3 rue Récamier, 75341 Paris Cedex.
Email : www.cidem.org.

# Les partis politiques

**La vie politique française est animée par de nombreux partis politiques. Quelques-uns seulement ont une audience importante et sont représentés au Parlement. Chaque parti politique exprime un courant de pensée.**

## La liberté politique

- Chacun est libre d'adhérer ou non à un parti politique.
- Chaque électeur est libre de voter pour élire un candidat appartenant à tel ou tel parti politique.
- L'âge d'adhésion et le montant de la cotisation varient d'un parti à l'autre.

La liberté politique est reconnue dans la Constitution de 1958. Elle reconnaît que « les partis et groupements politiques concourent à l'expression du suffrage. Ils se forment et exercent leur activité librement. Ils doivent respecter les principes de la souveraineté nationale et de la démocratie ».

## La majorité et l'opposition

- On appelle « partis de la majorité » les groupements politiques qui, ensemble, ont un nombre de députés qui atteint la majorité absolue [*p. 24*] à l'Assemblée. Les partis de la majorité soutiennent le gouvernement [*p. 40*] en place.
- On appelle « partis de l'opposition » l'ensemble des partis politiques qui n'ont pas la majorité à l'Assemblée et qui s'opposent à l'action du gouvernement en place.

## Gauche-droite

- Le terme « gauche » désignait, dans les assemblées parlementaires, les élus qui prennent place sur les bancs situés à gauche du président.
- Le terme « droite » désignait les élus assis à la droite du président.

L'origine des expressions « droite » et « gauche » remonte au 11 septembre 1789, lorsque les partisans de la monarchie se groupèrent à la droite du président de l'Assemblée nationale constituante. Donc, à l'origine, la « droite » rassemblait les défenseurs de l'ordre et de la tradition et faisait figure de parti plus conservateur.
Depuis, les expressions « droite » et « gauche » ont vu leur contenu évoluer.

## La parité hommes-femmes

La loi du 6 juin 2000 favorise l'égal accès des hommes et des femmes aux mandats électoraux et aux fonctions électives. Les partis et groupements politiques contribuent à la mise en œuvre de cette loi, relative à la parité entre les hommes et les femmes, concernant les élections municipales pour les communes de plus de 3 500 habitants, régionales, l'Assemblée de Corse, les élections sénatoriales à la proportionnelle, législatives et européennes.
Ne sont pas concernées les élections municipales pour les communes de moins de 3 500 habitants, les cantonales et les sénatoriales au scrutin uninominal.

# LES PRINCIPAUX PARTIS POLITIQUES FRANÇAIS

Sont mentionnés les principaux partis politiques.

**Chasse Pêche Nature Traditions** (CPNT)
www.cpnt.asso.fr

**Front national** (FN)
www.front-national.com

**Ligue communiste révolutionnaire** (LCR)
www.lcr-rouge.org

**Lutte ouvrière** (LO)
www.lutte-ouvriere.org

**Mouvement national républicain** (MNR)
www.m-n-r.com

**Mouvement pour la France** (MPF)
www.mpf-villiers.org

**Parti communiste français** (PCF)
www.pcf.fr

**Parti radical de gauche** (PRG)
www.planeteradicale.org

**Parti socialiste** (PS)
www.parti-socialiste.fr

**Pôle républicain**
www.pole-republicain.org

**Rassemblement pour la France** (RPF)
rpf@rpfie.org

**Union pour la démocratie française**
(Nouvelle UDF)
www.udf.org

**Union pour un mouvement populaire**
(UMP)
www.u-m-p.org

**Les Verts**
www.lesverts.fr

### La transparence financière de la vie politique

Depuis le 11 mars 1988 une loi établit une nécessaire transparence financière de la vie politique. Cette loi concerne le financement des partis et les frais de campagne.
La loi du 19 janvier 1995 interdit le financement des activités politiques par les entreprises.
La Commission nationale des comptes de campagne et de financement peut rejeter les comptes de campagne d'un député si ses comptes dépassent le plafond fixé. Le Conseil constitutionnel se prononce ensuite sur la validité de l'élection.

# Les syndicats de salariés

**Un syndicat est une association de personnes exerçant la même profession ou des métiers similaires. Il a pour objet la défense des intérêts économiques et professionnels de ses membres tant auprès des représentants patronaux qu'auprès des représentants de l'État.**

## La liberté syndicale

- Chacun est libre d'adhérer ou non à un syndicat.
- Pour adhérer, il suffit d'être salarié, d'avoir plus de 16 ans, sans distinction de sexe ou de nationalité. L'adhérent s'acquitte d'une cotisation qui donne droit à une déduction fiscale.
- Une personne syndiquée peut se retirer librement de son syndicat.

## Le droit syndical dans l'entreprise

- Ce droit est reconnu dans toutes les entreprises.

Un syndicat, reconnu sur le plan national, peut créer, dans une entreprise de plus de 50 salariés, une section syndicale.

- La section syndicale dispose du droit d'affichage. Elle peut distribuer des tracts syndicaux aux heures d'entrée et de sortie.

Au-delà de 200 salariés, un local est mis à la disposition de la section syndicale.

- Le délégué syndical représente la section auprès du chef d'entreprise. Le délégué doit avoir au moins 18 ans et travailler dans l'entreprise depuis un an (4 mois en cas de création d'entreprise). Il ne peut être licencié qu'après avis conforme de l'Inspecteur du travail. Il dispose d'un certain nombre d'heures, à l'intérieur de ses horaires de travail, pour exercer ses fonctions (ex. : 10 heures au moins par mois si l'entreprise emploie de 50 à 150 salariés).

## Les attributions d'un syndicat

Il négocie avec les représentants patronaux, avec les représentants de l'État.
Il passe des contrats concernant la profession (exemple : conventions collectives).
Il peut décréter la grève.
Il peut aller en justice pour défendre ses intérêts.
Il présente des candidats aux élections des délégués du personnel et du comité d'entreprise.
Il informe ses adhérents, défend leurs intérêts professionnels et matériels.
Il crée des œuvres sociales.

# Les groupements syndicaux

Plus un syndicat réunit de membres, plus il est représentatif et capable de défendre leurs intérêts.
À partir de la section syndicale qui est la cellule de base, il existe plusieurs sortes de groupements : une union, une fédération, une confédération.

- **Une union** est une association de plusieurs syndicats, de métiers différents sur le plan local ou départemental.
- **Une fédération** groupe des syndicats d'une même profession sur le plan national (ex. : la FNSEA ou Fédération nationale des syndicats d'exploitants agricoles et depuis 1993, dans le domaine de l'enseignement, la FEN (Fédération de l'Éducation nationale) et la FSU (Fédération syndicale unitaire).
- **Une confédération** regroupe unions et fédérations sur le plan national.

Créée en 1964
Confédération française démocratique du travail.
www.cfdt.fr

Créée en 1944
Confédération française de l'encadrement.
www.cfecgc.fr

Créée en 1895
Confédération générale du travail.
www.cgt.fr

Créée en 1919
Confédération française des travailleurs chrétiens
www.cftc.fr

Créée en 1947
Force ouvrière.
www.force-ouvriere.fr

### La reconnaissance du droit syndical

Le 21 mars 1884, la loi Waldeck-Rousseau autorise la création des syndicats. Le préambule de la Constitution de 1946, repris par celle de 1958, affirme que « tout homme peut défendre ses droits et ses intérêts par l'action syndicale et adhérer au syndicat de son choix ».

# L'élection du président de la République

**Le président de la République est élu par tous les citoyens, ce qui renforce l'autorité du chef de l'État. C'est le plus haut personnage de la République française.**

## Qui peut être candidat ? Comment ?

- Il faut être âgé de 23 ans révolus au jour du scrutin.
- Une candidature doit être présentée par 500 citoyens élus, membres du Parlement, ressortissants français du Parlement européen, membres des conseils régionaux, de l'Assemblée de Corse, des conseils généraux des départements, de Mayotte et de Saint-Pierre-et-Miquelon, de l'assemblée de la Polynésie française, du congrès et des assemblées de province de la Nouvelle-Calédonie, de l'assemblée territoriale de Wallis-et-Futuna, des maires, des présidents de communautés d'agglomération ou de communautés de communes. Les signatures des élus qui parrainent doivent provenir d'au moins 30 départements et territoires d'outre-mer différents.
- Les candidatures sont adressées au Conseil constitutionnel [*p. 56*] avec une déclaration de patrimoine.

## Comment est élu le président de la République ?

- Il est élu au suffrage universel direct depuis 1962, c'est-à-dire que chaque citoyen vote pour un candidat à l'élection présidentielle.
- Le président de la République est élu au scrutin uninominal majoritaire [*p. 24*] à deux tours. Un délai de 15 jours sépare les deux tours de scrutin. Au 2$^{e}$ tour ne peuvent se présenter que les deux candidats arrivés en tête au 1$^{er}$ tour.
- Depuis 2002, le président de la République est élu pour une durée de cinq ans, c'est un quinquennat. Il peut se représenter plusieurs fois de suite.

## Que se passe-t-il quand la place de président est vacante ?

- Si le président de la République démissionne ou décède en cours de mandat, l'intérim est assuré par le président du Sénat, le temps d'organiser les prochaines élections.
- Il y a suppléance et non intérim si le président de la République est malade ou en déplacement à l'étranger. Le Premier ministre [*p. 38*] peut alors le remplacer pour présider un Conseil des ministres.

## Comment est assurée la transparence du financement de campagne des candidats ?

- Depuis 1995, chaque candidat doit désigner un mandataire pour tenir les comptes de sa campagne électorale selon des règles identiques pour tous. La comptabilité électorale de chaque candidat est vérifiée par le Conseil constitutionnel. Les dépenses de campagne sont plafonnées et remboursées aux candidats dépassant le seuil de 5 % au 1$^{er}$ tour.
- Seuls les partis politiques et les personnes physiques peuvent financer un candidat. Les dons des entreprises sont interdits.

## Quel est le coût d'une élection présidentielle pour l'État ?

- En 2002, chaque candidat officiel s'est vu remettre une enveloppe de 153 000 € pour frais d'affiches, de tracts, etc. Les frais de campagne officielle à la télévision et à la radio sont pris en charge par l'État.
- Les frais de campagne étaient plafonnés à 14 796 000 € au 1$^{er}$ tour.

## LE PARCOURS DU CANDIDAT

1

19 jours avant le 1er tour
envoi des 500 signatures

2

16 jours avant le 1er tour
publication des candidatures

3

Ouverture officielle
de la campagne électorale

4

Réunions publiques

5

Allocutions télévisées

6

Fin de la campagne
électorale

7

1er tour (dimanche)

8

Proclamation
des résultats
du 1er tour

9

Campagne électorale
du 2e tour

10

Fin de la campagne
électorale

11

2e tour
(15 jours après le 1er tour)

12

Proclamation
du résultat

# Les pouvoirs du président de la République

**La V^e République donne au chef de l'État des pouvoirs traditionnels qu'il exerce en permanence et les pouvoirs exceptionnels qu'il prend dans des circonstances importantes ou graves.**

## Le président et l'exécutif

Il nomme le Premier ministre et, sur proposition du Premier ministre [*p. 38*], les autres ministres et met fin à leurs fonctions. Il préside le Conseil des ministres [*p. 41*]. Il nomme aux hautes fonctions civiles et militaires de l'État (recteurs [*p. 77*], préfets [*p. 68*]).

Il est le chef des armées [*p. 72*].

Il promulgue les lois (il signe et date). Il signe les ordonnances et les décrets délibérés [*p. 50*] (décidés) en Conseil des ministres.

## Le président et la Constitution

Il veille au respect de la Constitution. Si une loi ne lui paraît pas conforme à la Constitution, il peut demander l'avis du Conseil constitutionnel [*p. 56*].

Il nomme, pour neuf ans, trois membres du Conseil constitutionnel, dont le président de ce conseil.

## Le président et la diplomatie

Il doit maintenir l'indépendance de la nation par rapport à l'étranger. Il négocie et ratifie les traités. Il nomme les ambassadeurs français à l'étranger et reçoit les ambassadeurs étrangers.

## Le président et la justice

Il doit préserver l'indépendance de la justice. Les magistrats [*p. 110*] ne doivent pas subir de pression.

Il préside de droit le Conseil supérieur de la magistrature, dont il désigne les 9 membres.

Il a le droit de faire grâce.

## Le président et le Parlement

Il peut dissoudre l'Assemblée nationale [*p. 42*]. Il ouvre et ferme les sessions extraordinaires du Parlement par décret. Il communique avec les assemblées par message.

## Les pouvoirs exceptionnels

Le référendum [*p. 20*] : le président peut consulter les électeurs par référendum.

Les pleins pouvoirs : en vertu de l'article 16, le président peut prendre les pleins pouvoirs (exécutif + législatif) si le territoire est menacé ou envahi, si les institutions de la République sont menacées.

## La responsabilité du président

Il n'est responsable des actes accomplis dans l'exercice de ses fonctions qu'en cas de haute trahison. Il est alors jugé par la Haute Cour de justice.

# Le palais de l'Élysée

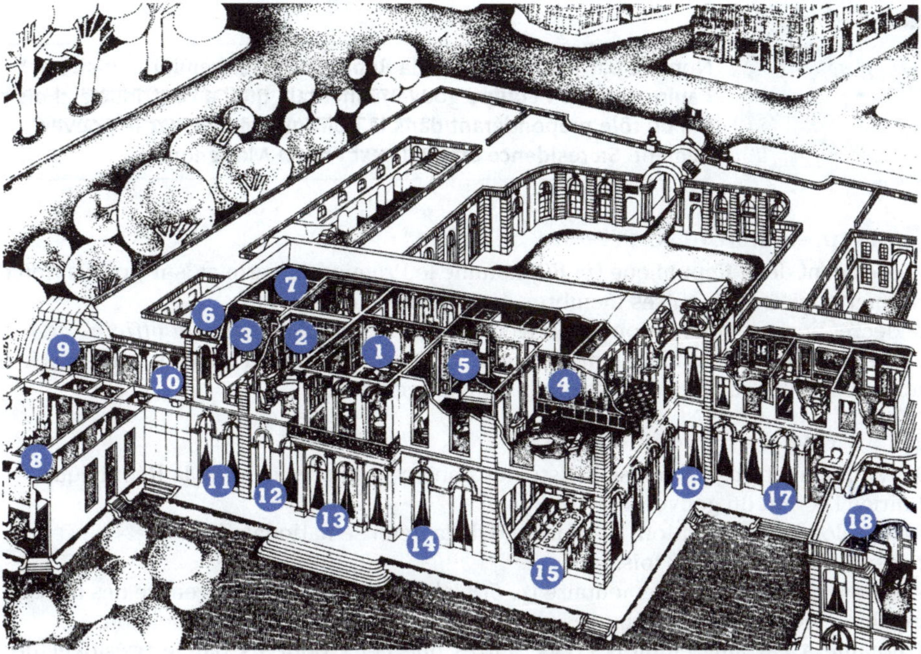


Le palais de l'Élysée est la résidence officielle du chef de l'État. Il se situe 55, rue du Faubourg Saint-Honoré 75008 Paris.

Les autres résidences présidentielles sont : le château de Rambouillet, l'hôtel Marigny, le fort de Brégançon (Var).

1. *Bureau du président* (l'ancien bureau de Charles de Gaulle et Georges Pompidou).
2. *Bureau du Conseiller auprès du président.*
3. *Bureau du Secrétaire général* (la salle du Conseil des ministres sous de Gaulle).
4. *Bureau du directeur de cabinet* (l'ancien bureau de Valéry Giscard d'Estaing).
5. *Secrétariat particulier du président.*
6. *Bureau du porte-parole de la présidence.*
7. *Bureau réservé au chef de cabinet.*
8. *Salle des fêtes* : en dessous de cette pièce rénovée en 1984, le président a fait installer un studio de télévision d'où il peut intervenir sans qu'il faille mettre en place des installations spéciales.
9. *Jardin d'hiver*, refait en 1984.
10. *Salle à manger Napoléon III.*
11. *Salon Murat*, où se tient le Conseil des ministres.
12. *Salon des aides de camp*, où ont lieu les déjeuners officiels.
13. *Salon des ambassadeurs*, où sont présentées les lettres de créance.
14. *Salon de l'hémicycle*, derrière lequel se trouve l'ascenseur réservé au président.
15. *Salon des portraits*, où se déroulent les petits déjeuners de travail.
16. *Salon Cléopâtre*, qui isole les appartements privés du président de la République.
17. *Bibliothèque*.
18. *Les appartements privés*, rénovés en 1984.

### Les présidents de la V$^{e}$ République

Charles de Gaulle 1958-1969
Georges Pompidou 1969-1974
Valéry Giscard d'Estaing 1974-1981
François Mitterrand 1981-1995
Jacques Chirac 1995-2002
2002-

# Le Premier ministre

**Nommé par le président de la République, le Premier ministre est l'animateur de l'équipe gouvernementale qu'il a contribué à choisir. Il a un rôle prépondérant dans la politique menée par le gouvernement. Sa résidence officielle est l'hôtel Matignon.**

## Le président et le Premier ministre

Le président de la République [*p. 36*] nomme le Premier ministre et, sur proposition du Premier ministre, les autres membres du gouvernement [*p. 41*].

Le décret portant nomination du gouvernement est publié au *Journal officiel*.

Le président de la République met fin aux fonctions du Premier ministre, sur la présentation, par celui-ci, de la démission du gouvernement.

## Le rôle du Premier ministre

Dès sa nomination, il propose la liste des ministres au président de la République.

Il dirige l'action du gouvernement.

Il est, selon la Constitution, responsable de la défense nationale [*p. 72*].

Il assure l'exécution des lois.

Il dispose du pouvoir réglementaire [*p. 50*], c'est-à-dire qu'il peut prendre des décisions appelées décrets et contresignées par le ministre chargé de leur application.

Il nomme à certains emplois civils, autres que ceux pourvus par le président de la République.

Il peut, si le chef de l'État le lui demande, présider un Conseil des ministres [*p. 41*], sur un ordre du jour déterminé.

Il peut déléguer certains de ses pouvoirs aux ministres.

Il peut, au nom du gouvernement, soumettre au Parlement des projets de loi [*p. 48*].

Il peut proposer au président de la République une révision de la Constitution.

Il peut engager la responsabilité de son gouvernement devant l'Assemblée nationale, en posant la question de confiance [*p. 54*].

Il est consulté par le président de la République avant la prise des pleins pouvoirs.

Il préside le Conseil national de l'aménagement et du développement du territoire qui formule des avis et des suggestions sur la mise en œuvre de la politique et du schéma national d'aménagement et de développement du territoire par l'État, les collectivités territoriales et l'Union européenne.

# L'HÔTEL MATIGNON

L'hôtel Matignon est situé 57, rue de Varenne à Paris.

Sa façade est de style rocaille et son jardin est le plus grand espace vert de Paris *intra-muros*.

En 1721, Jean de Courtonne entreprend la construction pour le maréchal de Montmorency et l'achève pour le comte Jacques de Matignon.

En 1808, Talleyrand achète l'édifice qui changera plusieurs fois de propriétaire.
En janvier 1888, l'hôtel Matignon devient ambassade d'Autriche.

En janvier 1935, il est mis à la disposition du président du Conseil (Léon Blum sera le premier occupant).

## Les Premiers ministres de la Ve République

| | |
|---|---|
| 1959-1962 | Michel Debré |
| 1962-1968 | Georges Pompidou |
| 1968-1969 | Maurice Couve de Murville |
| 1969-1972 | Jacques Chaban-Delmas |
| 1972-1974 | Pierre Messmer |
| 1974-1976 | Jacques Chirac |
| 1976-1981 | Raymond Barre |
| 1981-1984 | Pierre Mauroy |
| 1984-1986 | Laurent Fabius |
| 1986-1988 | Jacques Chirac |
| 1988-1991 | Michel Rocard |
| 1991-1992 | Édith Cresson |
| 1992-1993 | Pierre Bérégovoy |
| 1993-1995 | Édouard Balladur |
| 1995-1997 | Alain Juppé |
| 1997-2002 | Lionel Jospin |
| 2002-2005 | Jean-Pierre Raffarin |
| 2005- | Dominique de Villepin |

# Le gouvernement

**Le Premier ministre, les ministres et les secrétaires d'État forment ce que l'on appelle le gouvernement. Celui-ci détermine et conduit la politique de la nation. Il dispose de l'administration et de la force armée. Avec le chef de l'État, il assure le pouvoir exécutif.**

## Nomination du gouvernement

Les ministres et secrétaires d'État sont nommés par le chef de l'État [*p. 36*] sur proposition du Premier ministre. Ils ont tous droit à l'appellation de « ministre ».

## La fin du gouvernement

Si le Premier ministre [*p. 38*] remet au président de la République la démission de son gouvernement, il y a changement complet de gouvernement.
Si le président de la République met fin aux fonctions d'un ministre ou si un ministre démissionne, il y a remaniement ministériel.

## La composition du gouvernement

Le nombre de ministres et de secrétaires d'État varie d'un gouvernement à l'autre. Il existe une hiérarchie ministérielle.

- *Le Premier ministre* est l'animateur de l'équipe gouvernementale.
- *Les ministres d'État* sont chargés d'un ministère jugé plus important ou d'un rôle de coordination.
- *Les ministres à portefeuille* sont chargés d'un ministère.
- *Les ministres délégués* dépendent du Premier ministre ou d'un ministre.
- *Les secrétaires d'État* auprès d'un ministre ont un rôle plus restreint. Ils sont chargés d'un secteur limité.

## Les incompatibilités

La Constitution précise que les fonctions de membre du gouvernement sont incompatibles avec l'exercice de tout mandat parlementaire, de toute fonction de représentation professionnelle à caractère national et de tout emploi public ou de toute activité professionnelle.
Ainsi donc, on ne peut être à la fois ministre et député, ministre et sénateur ou encore ministre et dirigeant syndical.

## La responsabilité politique du gouvernement

Le gouvernement est responsable devant l'Assemblée nationale qui peut le renverser en votant une motion de censure ou en refusant la confiance.
Le Premier ministre est alors contraint de remettre la démission de son gouvernement au président de la République.

# MINISTRES ET CONSEIL DES MINISTRES

## Le Conseil des ministres

Il réunit le Premier ministre et les ministres sous la présidence du président de la République. Les secrétaires d'État n'y participent pas de plein droit.

Exceptionnellement, le Premier ministre peut présider un Conseil des ministres avec une délégation du chef de l'État et sur un ordre du jour déterminé.

Le Conseil des ministres se tient habituellement à l'Élysée [*p. 37*], le mercredi. Il s'achève par un communiqué officiel.

## Le Conseil de cabinet, le comité interministériel, le comité restreint

Le Conseil de cabinet réunit, exceptionnellement, le Premier ministre et les ministres.

Le comité interministériel, présidé par le Premier ministre, ne réunit que quelques ministres ou secrétaires d'État concernés par une même question.

Les comités restreints, sans existence légale, sont réunis à la demande ou avec autorisation du président de la République, pour préparer certaines affaires.

## Le rôle d'un ministre

Il joue un rôle politique en tant que membre du gouvernement. Il présente et défend le budget de son ministère devant le Parlement.
Il joue un rôle administratif comme chef hiérarchique du personnel de son ministère.

## Composition du gouvernement (juin 2005)

| | |
|---|---|
| Premier ministre | Dominique de Villepin |
| **Ministère** | **Nomination** |
| État, Intérieur et Aménagement du territoire | Nicolas Sarkosy |
| Défense | Michèle Alliot-Marie |
| Affaires étrangères | Philippe Douste-Blazy |
| Emploi, Cohésion sociale et du Logement | Jean-Louis Borloo |
| Économie, Finances et de l'Industrie | Thierry Breton |
| Éducation nationale, Enseignement supérieur et Recherche | Gilles de Robien |
| Gardes des Sceaux, Justice | Pascal Clément |
| Transports, Équipement, Tourisme et Mer | Dominique Perben |
| Santé et Solidarités | Xavier Bertrand |
| Agriculture et Pêche | Dominique Bussereau |
| Fonction publique | Christian Jacob |
| Culture et Communication | Renaud Donnedieu de Vabres |
| Écologie et Développement durable | Nelly Olin |
| Outre-mer | François Baroin |
| PME, Commerce, Artisanat et Professions libérales | Renaud Dutreuil |
| Jeunesse, Sports et Vie associative | Jean-François Lamour |

### La Cour de justice de la République

Créée par la Révision constitutionnelle de 1993, composée de 12 parlementaires et de 3 magistrats professionnels, elle juge les ministres pour crimes et délits liés à leurs fonctions. Elle a siégé pour la première fois en février 1999.

# L'Assemblée nationale

**Le Parlement se compose de deux assemblées : l'Assemblée nationale et le Sénat. L'Assemblée nationale formée par les députés vote les lois et contrôle l'action du gouvernement. Élue directement par le peuple, elle joue un rôle prééminent dans le bicaméralisme.**

## Le nombre des députés

Les députés siègent au Palais-Bourbon. La salle des séances a la forme d'un demi-cercle, c'est l'hémicycle. L'Assemblée nationale comprend 577 députés.

## L'élection des députés

- Les élections législatives ont lieu tous les cinq ans, au suffrage universel direct. Cette durée de cinq ans s'appelle la législature. Elle peut être écourtée en cas de dissolution prononcée par le président de la République.
- Les députés sont élus au scrutin uninominal majoritaire à deux tours (un député par circonscription). L'âge minimum d'éligibilité est de 23 ans. Pour être élu au premier tour, il faut obtenir la majorité absolue (plus de la moitié des suffrages exprimés) et un nombre au moins égal au quart des électeurs inscrits. Au second tour, le candidat qui recueille le plus grand nombre de voix est élu. Pour s'y présenter : avoir obtenu 12,5 % des inscrits.
- La loi prévoit de pénaliser financièrement les partis et les groupements politiques qui n'auront pas présenté 50 % de candidats de chacun des deux sexes aux élections législatives [*p. 30*].
- Les frais de campagne sont plafonnés et contrôlés par la commission nationale des comptes de campagne.

## Le rôle de l'Assemblée nationale

- *Le domaine de la loi* : l'Assemblée nationale vote les lois d'origine gouvernementale (projets de loi) ou parlementaire (propositions de loi). Elle vote le budget appelé projet de loi de finances.
- *Le contrôle de l'action du gouvernement* : un député peut s'informer de l'action du gouvernement en posant des questions.

• Une question écrite : un député pose une question à un ministre qui répond dans le *Journal officiel*.

• Une question orale : un député pose, en séance publique, une question à un ministre qui lui répond oralement.

• Une question au gouvernement est posée en début des séances du mardi après-midi et du mercredi après-midi. Cette séance de questions est télévisée.

• L'Assemblée nationale peut renverser le gouvernement en votant une motion de censure ou en refusant la confiance [*p. 52 et 54*].

## Le président de l'Assemblée nationale

Le président de l'Assemblée nationale est élu pour la durée de la législature. Il dirige les débats depuis « le perchoir ». Il peut être remplacé par l'un des vice-présidents. Il nomme trois membres du Conseil constitutionnel. Il est informé lors de la prise des pleins pouvoirs par le chef de l'État.

# REPRÉSENTATION POLITIQUE DE L'HÉMICYCLE

**Effectif des groupes politiques en novembre 2005**

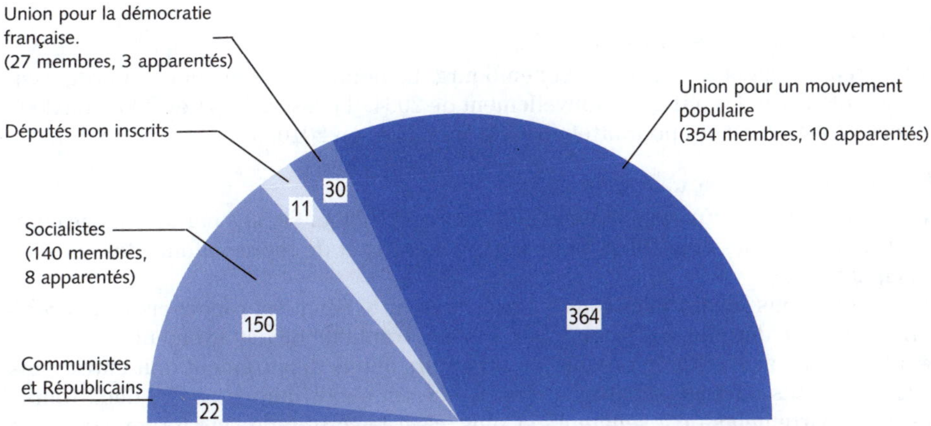


Président de l'Assemblée nationale (depuis le 25 juin 2002) : Jean-Louis Debré

**Palais Bourbon. 106, rue de l'Université 75007 Paris**

# Le Sénat

**Le Sénat constitue la deuxième assemblée du Parlement. On l'appelle « Haute assemblée ». Il est composé de sénateurs élus au suffrage universel indirect. Il est moins soumis aux pressions des électeurs et ne peut être dissous par le président de la République.**

## Le nombre des sénateurs

Les sénateurs siègent au palais du Luxembourg. Le nombre de sénateurs va progressivement augmenter. De 331 au renouvellement de 2004, il passera à 341 en 2007 (ou 2008 si l'élection est reportée) pour atteindre 346 membres en 2010.

## L'élection des sénateurs

- Ils sont élus au suffrage universel indirect *[p. 20]*, pour six ans par un collège composé des députés, des conseillers régionaux, généraux et de représentants des conseils municipaux.

Il y a des élections sénatoriales tous les trois ans car le Sénat est renouvelable par moitié. Le scrutin se déroule, à chaque fois, dans une trentaine de départements.

- Le scrutin varie selon le nombre de sénateurs que le département doit élire : dans les départements de 1 à 3 sénateurs, c'est le scrutin majoritaire [*p. 24*] à deux tours ; dans les départements de 4 sénateurs et plus, c'est le scrutin de liste à représentation proportionnelle.

Les élections sénatoriales à la proportionnelle sont concernées par la loi sur la parité hommes-femmes. Chaque liste est composée alternativement d'un candidat de chaque sexe.

- L'âge minimum d'éligibilité d'un sénateur est de 30 ans.

## Le rôle du Sénat

- Le domaine de la loi. Comme les députés, les sénateurs ont l'initiative législative, ils peuvent proposer un texte de loi qu'on appelle « proposition de loi » [*p. 48*] et déposer des amendements des textes qu'ils examinent.

Le Sénat vote les lois et le budget de l'État et contrôle l'action du gouvernement.

- Le Sénat, contrairement à l'Assemblée nationale, ne peut pas renverser le gouvernement. Le Sénat ne peut être dissous par le président de la République.
- Les sénateurs peuvent poser des questions (écrites, orales, avec ou sans débat d'actualité) aux ministres, au moins une fois par semaine.

## Le président du Sénat

- Le président du Sénat est élu (ou réélu) tous les trois ans. Il assure la présidence avec les six vice-présidents.
- Il est le troisième personnage de l'État dans l'ordre officiel pour les cérémonies publiques. Il assure l'intérim si la place de président de la République est vacante.

Il nomme trois membres du Conseil constitutionnel [*p. 56*].

Il est informé lors de la prise des pouvoirs exceptionnels par le chef de l'État.

# Les groupes politiques

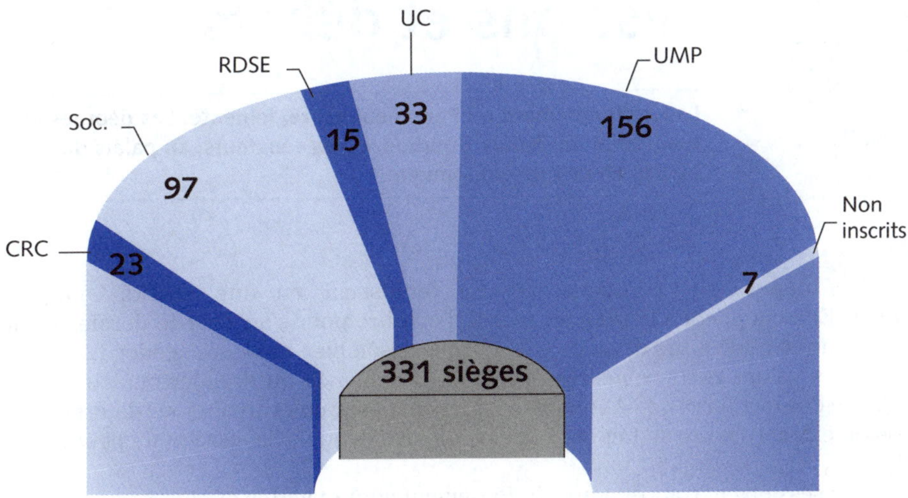


Président : Christian PONCELET (réélu en sept. 2004)
effectifs après le renouvellement partiel de 2004

**CRC** : Communiste Républicain et Citoyen, **Soc.** : groupe socialiste,
**RDSE** : Rassemblement Démocratique et Social Européen, **UC** : Union Centriste,
**UMP** : Union pour un Mouvement Populaire.

**Sénat. Palais du Luxembourg. 15 rue de Vaugirard 75006 Paris**

# Le Parlement : sessions et débats

**Le fonctionnement du Parlement est réglementé. Les députés se réunissent, au Palais-Bourbon, et les sénateurs, au palais du Luxembourg, en une session unique.**

## La session parlementaire unique

- Les députés et les sénateurs se réunissent en une session unique de 9 mois. Elle commence le premier mardi d'octobre pour s'achever le dernier jeudi de juin. Le nombre de jours de séance de chaque assemblée ne peut excéder 120.
- Les sessions extraordinaires ont lieu à la demande du Premier ministre ou de la majorité des membres de l'Assemblée nationale et sur un ordre du jour déterminé. Si la session extraordinaire se fait sur la demande des députés, la session ne peut dépasser 12 jours.
- Les sessions extraordinaires du Parlement sont ouvertes et closes par décret présidentiel [*p. 36*].

## Le bureau des assemblées

- Il assure l'organisation du travail parlementaire, la présidence des débats et l'administration dans chacune des deux assemblées qui composent le Parlement.
- À l'Assemblée nationale [*p. 42*], le bureau comprend un président élu pour 5 ans, 6 vice-présidents, 12 secrétaires et 3 questeurs chargés de la gestion financière et administrative.

Au Sénat [*p. 44*], le bureau comprend un président élu pour 3 ans, 6 vice-présidents, 12 secrétaires et 3 questeurs.

## Les groupes politiques

- Les groupes politiques : les parlementaires sont le plus souvent groupés par affinités politiques. Il faut 20 députés apparentés au même parti [*p. 30*] pour constituer un groupe politique à l'Assemblée nationale, il faut 15 sénateurs au Sénat.
- Chaque groupe politique élit son président de groupe.

## La conférence des présidents

La conférence des présidents comprend à l'Assemblée nationale comme au Sénat : le président de l'assemblée, les vice-présidents, les présidents des groupes parlementaires, les présidents des commissions, un représentant du gouvernement. La conférence des présidents fixe l'ordre du jour des travaux parlementaires en fonction des demandes du gouvernement.

# Les commissions parlementaires

L'essentiel du travail préparatoire au vote d'une loi est effectué en commissions. Ces commissions sont au nombre de six à l'Assemblée nationale et de six au Sénat. Chaque commission étudie le texte de loi avant le vote par les assemblées.

## Les commissions permanentes à l'Assemblée nationale

– Affaires culturelles, familiales et sociales.
– Affaires étrangères.
– Finances, économie générale et plan (vérification du budget de l'État).
– Défense nationale et forces armées.
– Lois constitutionnelles, législation et administration générale de la République.
– Affaires économiques, environnement, territoire.

## Les commissions permanentes du Sénat

– Affaires culturelles.
– Affaires étrangères, défense et forces armées.
– Affaires économiques et plan.
– Affaires sociales.
– Finances, contrôle budgétaire et comptes économiques de la nation.
– Lois constitutionnelles, législation, suffrage universel, règlement et administration générale.

## Les commissions spéciales

Si un texte de loi ne correspond à aucune des six commissions permanentes, le gouvernement ou les assemblées parlementaires peuvent demander la création d'une commission spéciale pour examiner ce texte de loi.
Un ou plusieurs députés peuvent créer des missions d'information et des commissions d'enquête sur des sujets précis.

## Les commissions d'enquête

– Février 2004 : la commission d'enquête sur les conséquences de la canicule de 2003 rend son rapport.
– Décembre 2005 : proposition de résolution destinée à créer une commission sur l'affaire d'Outreau et les dysfonctionnements judiciaires.
Si l'Assemblée le décide par un vote, une commission d'enquête constituée de 30 députés peut effectuer, pour une durée de six mois, des investigations sur un problème particulier (situation de l'industrie automobile, sida, etc.).

## Les commissions mixtes paritaires

Composées de 7 députés et 7 sénateurs, elles sont constituées à l'initiative du gouvernement pour concilier les points de vue de l'Assemblée et du Sénat pour un texte en cours de navette.

### Les séances publiques

La partie la plus visible de l'activité parlementaire a lieu en séance plénière. Les séances des deux assemblées sont publiques. Le compte rendu intégral des débats est publié au *Journal officiel*.
Il est possible d'assister aux débats depuis l'une des tribunes ouvertes au public. Les dix premières personnes qui se présentent à l'entrée ont droit à une place. Il est plus sûr de demander un billet de séance à son député ou à son sénateur.
La partie la moins visible comprend les administrateurs, les huissiers (la première femme huissier a été recrutée en décembre 1997), les informaticiens, les secrétaires…

# Comment est votée une loi ?

**Le vote de la loi se fait selon un mécanisme complexe. Le texte est examiné successivement par les deux assemblées car c'est un texte identique qui doit être adopté. Le pouvoir législatif constitue la part importante du travail de l'Assemblée nationale et du Sénat.**

## L'initiative et le dépôt du texte

- Elle appartient au Premier ministre, au nom du gouvernement, c'est alors un projet de loi ; à chaque député et à chaque sénateur, c'est alors une proposition de loi.
- Le projet de loi ou la proposition est déposé sur le bureau de l'Assemblée nationale [*p. 42*] ou du Sénat [*p. 44*]. Le projet de loi des finances est soumis d'abord à l'Assemblée nationale.

## L'examen par une commission

Le texte est alors examiné par l'une des six commissions permanentes [*p. 46*] de l'assemblée saisie ou par une commission spéciale créée à cet effet. La commission désigne un rapporteur.

- La conférence des présidents [*p. 46*] fixe l'ordre du jour en tenant compte des priorités fixées par le gouvernement.
- La discussion s'ouvre par l'intervention du rapporteur qui présente le texte et les conclusions de la commission. Ensuite les orateurs inscrits donnent l'avis de leur groupe politique [*p. 46*] sur le texte. Commence ensuite la discussion par article. Le texte initial peut subir des modifications appelées amendements.

## Le vote

- Pour éviter les amendements, le gouvernement peut recourir à la procédure du « vote bloqué ». Il oblige l'assemblée saisie à adopter le texte tel qu'il est ou à le repousser sans pouvoir le modifier. Il peut engager sa responsabilité à propos d'un projet de loi.
- Un texte est voté quand il est adopté en termes identiques par l'Assemblée nationale et le Sénat.

## La promulgation

- Quand la loi est votée, le président de la République [*p. 34*] la signe et la date, dans un délai de quinze jours : c'est la promulgation. Pendant ce délai, le président peut demander au Parlement une nouvelle délibération de la loi.
- La loi peut être soumise au Conseil constitutionnel [*p. 56*] à la demande du président de la République, du Premier ministre, du président de chaque assemblée, ou de soixante députés ou sénateurs.

# La navette parlementaire

Pour être adopté définitivement, un texte législatif doit être examiné successivement par les deux assemblées. Ces lectures se poursuivront jusqu'à l'adoption d'un texte identique.

## Situation 1

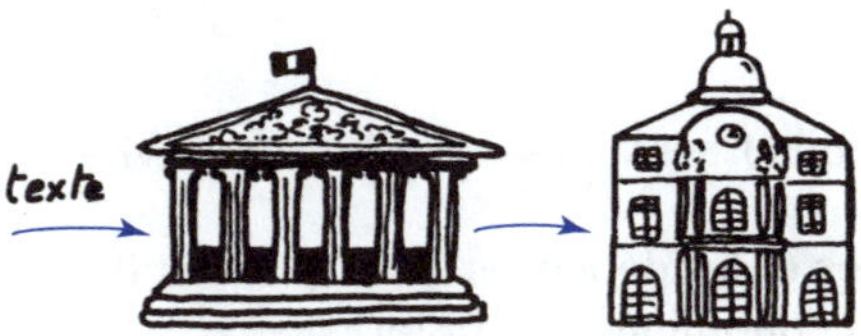


L'Assemblée nationale adopte le texte en première lecture.
Le texte est examiné par le Sénat qui l'adopte dans les mêmes termes.
La procédure est terminée, la loi est votée.

## Situation 2

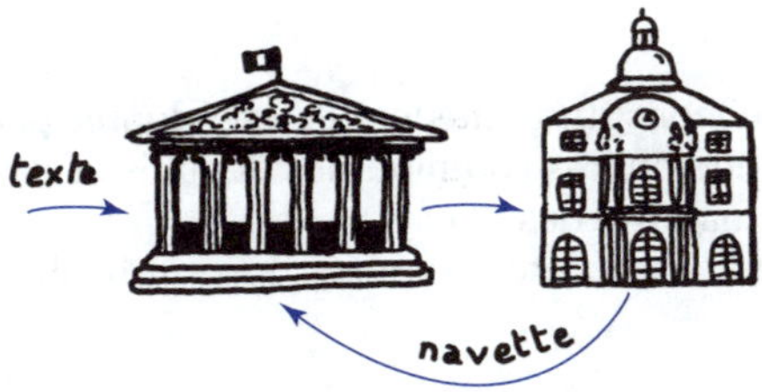


L'Assemblée nationale examine le texte en première lecture.
Le Sénat modifie le texte transmis.
Le texte retourne à l'Assemblée nationale. C'est le début du va-et-vient entre les deux assemblées qu'on appelle « navette parlementaire ».
Si, après deux lectures dans chaque assemblée, le texte est adopté en termes identiques, la loi est votée.

## Situation 3

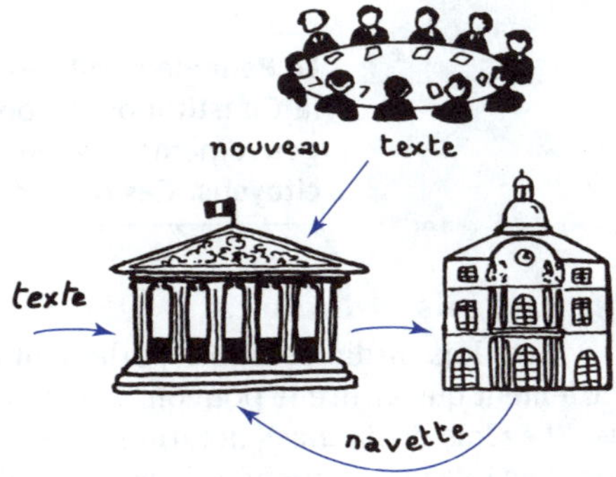


Après deux lectures dans chaque assemblée, il est possible que le désaccord persiste. Le Premier ministre peut demander la réunion d'une « commission mixte paritaire » formée de sept députés et de sept sénateurs. Cette commission élabore un nouveau texte soumis à chaque assemblée. Si ce nouveau texte est voté par les deux chambres, la loi est adoptée, sinon le Premier ministre demande aux députés de trancher.

### Le *Journal officiel*

C'est dans le *Journal officiel* que sont publiés les textes de lois et les décrets. Une loi ne peut être appliquée que lorsque les décrets d'application sont parus au *Journal officiel*. Avant cette parution, même votée par le Parlement, la loi ne peut être appliquée. On peut consulter le *Journal officiel* dans une mairie, à la sous-préfecture ou sur Internet, on peut également s'y abonner (26, rue Desaix, 75015 Paris. Site Internet : www.journal-officiel.gouv.fr).

# Les lois et les règlements

**Le Parlement fait des lois dans des domaines qui sont énumérés par la Constitution. Le pouvoir exécutif (président de la République et gouvernement) prend aussi des décisions qui s'imposent à tous les citoyens. Ces décisions s'appellent des règlements.**

## Les lois ordinaires

- Les lois ordinaires ou parlementaires constituent l'essentiel de l'activité du Parlement qui assure le pouvoir législatif.
- Les lois de finances déterminent les recettes et les dépenses [p. 60] de l'État.
- Les lois de programme fixent les objectifs économiques de l'État.

## Les lois organiques

- Ce sont des lois qui précisent ou complètent la Constitution. Par exemple, une loi organique fixe le nombre de membres de l'Assemblée nationale et du Sénat.
- Les lois organiques sont soumises au Conseil constitutionnel [p. 57] et votées comme des lois ordinaires. Toutefois, en cas de désaccord entre les chambres, l'Assemblée nationale doit les adopter à la majorité absolue de ses membres.

## La loi constitutionnelle

- Chaque article de la Constitution est une loi constitutionnelle. Elle est adoptée par référendum [p. 20] ou par le Parlement réuni en congrès (réunion des députés et des sénateurs). Le texte doit alors être adopté à la majorité des 3/5.
- La loi constitutionnelle est la plus importante car toutes les autres lois (ordinaires ou organiques) doivent lui être soumises.

## La hiérarchie des textes de loi et règlements

Les diverses sources du droit respectent la hiérarchie suivante :
– la Constitution du 4 octobre 1958 (texte fondamental qui définit l'organisation des institutions publiques). Un arrêt de la Cour de cassation (juin 2000) confirme la supériorité de la Constitution sur les traités ;
– les traités et les accords internationaux ratifiés par le Parlement ;
– les lois ;
– les ordonnances ;
– les règlements d'application : les décrets et les arrêtés (ministériels, préfectoraux, ou municipaux).

# LES RÈGLEMENTS

Le président de la République et le gouvernement peuvent prendre des décisions dans tous les domaines qui ne sont pas réservés au Parlement. Ce sont les ordonnances, les décrets, les arrêtés et les circulaires.

## Les ordonnances

Le Parlement peut autoriser le gouvernement à prendre, par ordonnances, des mesures qui sont normalement du domaine de la loi. Les ordonnances sont prises en Conseil des ministres après avis du Conseil d'État. Assimilées à des règlements, elles entrent en vigueur quand elles sont signées par le président de la République et quand elles sont publiées. Elles deviennent cependant « caduques » (sans effet) si un projet de loi de ratification n'est pas déposé devant le Parlement dans un délai fixé. La procédure des ordonnances est une innovation de la Ve République.

## Les décrets

Le président de la République prend des décisions appelées décrets présidentiels. Il nomme le Premier ministre par décret. Le chef de l'État signe également les décrets pris en Conseil des ministres, il y aura alors contreseing (signature) du Premier ministre et des ministres intéressés.

Le Premier ministre prend des décisions appelées décrets ministériels pour l'exécution des lois votées par le Parlement. Il dispose également d'un pouvoir de décision autonome ; par décret, il peut décider que tout fonctionnaire engagé dans une procédure disciplinaire a le droit d'obtenir la communication des documents contenus dans son dossier.

## Les arrêtés

Ce sont des décisions prises par une autorité administrative.

- *Un arrêté ministériel* est élaboré et signé par un ministre (un arrêté ministériel fixe la durée hebdomadaire de la scolarité à l'école primaire).
- *Un arrêté rectoral* est élaboré et signé par un recteur d'académie.
- *Un arrêté préfectoral* est élaboré et signé par un préfet.
- *Un arrêté municipal* est signé par le maire.

## Les circulaires

Ce sont des textes internes à une administration et qui ne concernent que son personnel.

### Le Parlement réuni en congrès

Un projet de révision de la Constitution peut être adopté par référendum ou par le Parlement réuni en congrès à la demande du président de la République.

Pour être approuvée, la révision doit obtenir la majorité des 3/5 des suffrages exprimés.

Par tradition, le Parlement se réunit au complet avec tous les députés et sénateurs à Versailles.

Le Congrès a été réuni le 28 février 2005 pour entériner deux nouvelles révisions de la Constitution : celle préalable au référendum de ratification de la Constitution européenne et celle qui introduit la Charte de l'environnement dans la loi fondamentale.

# La motion de censure

**Le gouvernement est responsable de son action devant les députés. L'Assemblée nationale peut mettre en cause la responsabilité du gouvernement par le dépôt d'une motion de censure qui, si elle est votée, entraîne alors la démission du gouvernement.**

## Le mécanisme de la motion de censure

La motion de censure est l'acte par lequel les députés [*p. 42*] mettent en jeu la responsabilité du gouvernement et cherchent à le renverser. Cette initiative de l'Assemblée nationale porte le nom de motion de censure offensive.

Pour être adoptée, une motion de censure doit franchir trois étapes.

*1. Le dépôt*

La motion de censure doit être déposée par au moins 1/10 des députés qu'on appelle alors signataires.

*2. Le délai de réflexion*

Un délai de 48 heures, appelé délai de réflexion, doit s'écouler entre le dépôt et le vote.

*3. Le vote*

Pour être adoptée, la motion de censure doit obtenir la majorité absolue des membres composant l'Assemblée nationale. Seuls sont recensés les votes favorables à la motion.

$$\text{nombre de oui} \geq \frac{\text{nombre de députés composant l'Assemblée}}{2} + 1$$

Pour le vote d'une motion de censure, les députés se déplacent à la tribune.
Il a lieu par scrutin public à la tribune par appel nominal.

## Les effets du dépôt d'une motion de censure

Si la motion est votée, le Premier ministre [*p. 38*] est contraint de remettre au président de la République la démission de son gouvernement [*p. 40*].
Le gouvernement est renversé.

Si la motion de censure est rejetée parce qu'elle n'a pas atteint la majorité absolue des membres de l'Assemblée nationale, le gouvernement reste en place. Un même député ne peut être signataire de plus de trois motions par session ordinaire et d'une par session extraordinaire [*p. 46*] sauf en cas d'engagement de la responsabilité du gouvernement.

# EXEMPLE DE DÉROULEMENT DU SCRUTIN

## Annonce du vote sur la motion de censure

M. le président. Je vais mettre aux voix la motion de censure.
En application des articles 65 et 66, paragraphe II, du règlement, il doit être procédé au vote par scrutin public à la tribune.
Le scrutin va avoir lieu par bulletins.
Je prie Mmes et MM. les députés disposant d'une délégation de vote de vérifier immédiatement au bureau des secrétaires, à ma gauche, si leur délégation a bien été enregistrée à la présidence.
Je vais tirer au sort la lettre par laquelle commencera l'appel nominal.

*(Le sort désigne la lettre T.)*

M. le président. Le scrutin va être annoncé dans le Palais.

..................................................
..................................................
..................................................

## Préparation du vote et consignes

M. le président. Afin de faciliter le déroulement ordonné du scrutin, j'invite instamment nos collègues à ne monter à la tribune qu'à l'appel de leur nom ou de celui de leur délégant.
Je rappelle à ceux de nos collègues disposant d'une délégation qu'ils doivent remettre à MM. les secrétaires, non pas un bulletin ordinaire, mais une consigne écrite sur laquelle sont portés le nom du délégant, le nom et la signature du délégué.
Je rappelle également que seuls les députés favorables à la motion de censure participent au scrutin.
J'invite donc MM. les secrétaires à ne déposer dans l'urne que les bulletins blancs ou les délégations « pour ».
Le scrutin est ouvert.
Il sera clos à zéro heure treize.
Messieurs les huissiers, veuillez commencer l'appel nominal.

*(L'appel a lieu. — Le scrutin est ouvert à vingt-trois heures vingt-huit.)*

..................................................
..................................................
..................................................

## Clôture du scrutin

M. le président. Personne ne demande plus à voter ?...
Le scrutin est clos.
J'invite MM. les secrétaires à se retirer dans le cinquième bureau pour procéder au dépouillement des bulletins.
Le résultat du scrutin sera proclamé ultérieurement.

## Suspension de séance

M. le président. La séance est suspendue.

*(La séance, suspendue à zéro heure quinze, est reprise à zéro heure trente-cinq.)*

## Annonce du résultat

M. le président. La séance est reprise.
Voici le résultat du scrutin :

..................................................
..................................................
..................................................

Depuis la V$^{e}$ République, une seule motion a été adoptée, le 5 octobre 1962, provoquant la démission du gouvernement de Georges Pompidou. Elle concernait l'opposition du Parlement au projet de l'élection du président de la République au suffrage universel direct annoncé par le général de Gaulle.

# La question de confiance

**Le gouvernement peut, de lui-même, engager sa responsabilité devant l'Assemblée nationale. Il pose ce que l'on appelle la question de confiance sur son programme, sur un débat de politique générale ou à l'occasion d'un projet de loi. Les députés doivent alors se prononcer.**

## La question de confiance sur un programme ou sur une déclaration de politique générale

- Le Premier ministre [*p. 38*], après délibération en Conseil des ministres, peut engager la responsabilité de son gouvernement [*p. 40*] sur son programme ou sur une déclaration de politique générale.
- Le vote de confiance a lieu à la majorité simple des membres de l'Assemblée nationale [*p. 42*].

Si la confiance est votée, le gouvernement reste en place.
Si la confiance est refusée, le gouvernement est renversé et le Premier ministre remet la démission de son gouvernement au président de la République [*p. 36*].

## La question de confiance à propos d'un texte

Après délibération en Conseil des ministres, le Premier ministre peut engager la responsabilité du gouvernement devant l'Assemblée nationale à propos d'un texte ou projet de loi [*p. 50*]. Dans ce cas, les députés peuvent avoir deux attitudes.

- Si les députés ne déposent pas de motion de censure dans les 24 heures [*p. 52*] : le gouvernement estime avoir la confiance de l'Assemblée. Le texte de loi est considéré comme adopté, sans vote.
- Les députés peuvent déposer une motion de censure (dite défensive). Elle doit être signée par 1/10 des députés et le vote a lieu après le délai de réflexion de 48 h.

Si la motion est votée, le gouvernement est renversé et le texte de loi est refusé.
Si la motion de censure est rejetée, le gouvernement estime avoir la confiance de l'Assemblée nationale et il reste en place, le texte est considéré comme adopté.
Cette procédure de la question de confiance à propos d'un texte permet au gouvernement d'obtenir qu'un texte soit rapidement adopté.

# QUAND LE PREMIER MINISTRE UTILISE LE 49-3

C'est l'article 49 de la Constitution, alinéa 3, qui autorise le Premier ministre à engager la responsabilité de son gouvernement, devant les députés, à propos d'un texte.

• 1$^{re}$ possibilité

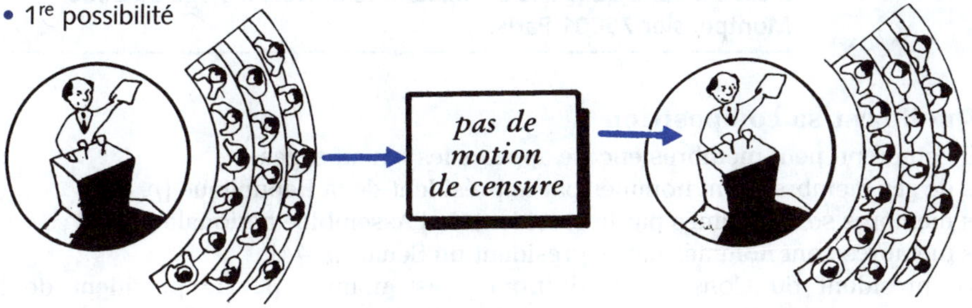


Le Premier ministre engage la responsabilité de son gouvernement à propos d'un texte.

Les députés ne déposent pas de motion de censure.

Le gouvernement reste en place et le texte est adopté.

• 2$^{e}$ possibilité

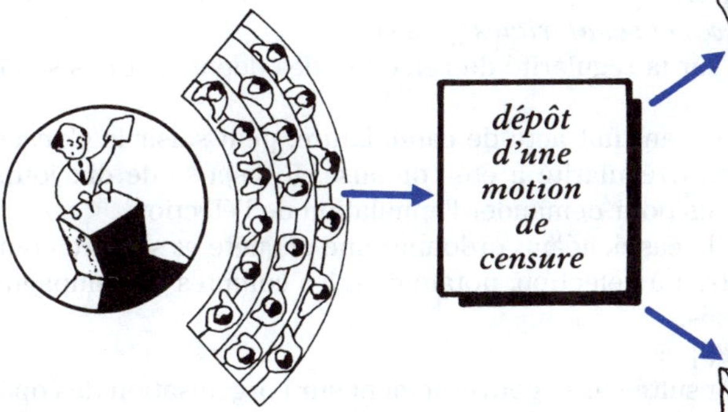


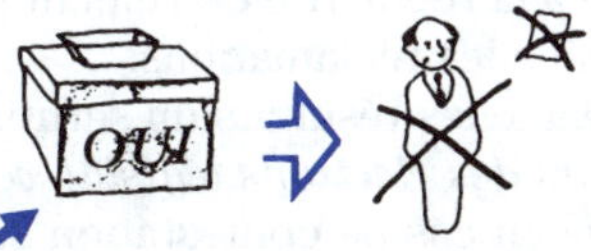


La motion est votée.

Le gouvernement est renversé, le texte est rejeté.

La motion est rejetée.

Le gouvernement reste, le texte est adopté.

Le Premier ministre engage la responsabilité de son gouvernement à propos d'un texte.

1/10$^{e}$ des députés déposent une motion de censure.

# Le Conseil constitutionnel

**Le Conseil constitutionnel est chargé de veiller au respect de la Constitution : c'est lui qui déclare que les lois votées sont conformes aux institutions. Il s'assure de la légalité des opérations de vote et il est consulté dans des circonstances graves. Il siège au 2 rue Montpensier 75001 Paris.**

## Quelle est sa composition ?

Il comprend neuf membres encore appelés les « neuf sages » :
– trois de ses membres sont nommés par le président de la République [*p. 36*] ;
– trois membres sont nommés par le président de l'Assemblée nationale [*p. 42*] ;
– trois membres sont nommés par le président du Sénat [*p. 44*].

Le président du Conseil constitutionnel est nommé par le président de la République et a voix prépondérante en cas de partage des voix lors d'un vote.

En plus des neuf membres, en font partie de droit et à vie les anciens présidents de la République.

Le Conseil constitutionnel se renouvelle par tiers tous les trois ans. Le mandat des membres est de neuf ans et n'est pas renouvelable.

## Quel est son rôle lors des consultations électorales ?

*Lors des élections présidentielles* [*p. 34*]

Il veille à la régularité de l'élection du président de la République.
Il examine les réclamations.
Il proclame les résultats du scrutin.

*Lors des élections législatives et sénatoriales* [*p. 21*]

Il statue en cas de contestation sur la régularité de l'élection des députés et des sénateurs.
Tout électeur, et toute personne ayant fait acte de candidature, peut saisir le Conseil constitutionnel s'il estime qu'une irrégularité a été commise. Il dispose de dix jours après la proclamation des résultats pour demander l'annulation de l'élection.
Le Conseil constitutionnel peut, le cas échéant, ordonner une enquête et se faire communiquer tout document ayant trait à l'élection, notamment les comptes de campagne établis par les candidats intéressés.

*Lors d'un référendum* [*p. 20*]

Le Conseil constitutionnel est consulté par le gouvernement sur l'organisation des opérations de référendum.
Le Conseil constitutionnel veille à la régularité des opérations de référendum et en proclame les résultats.

# Le respect de la Constitution

## Le Conseil constitutionnel est garant du respect de la Constitution

Les lois organiques, avant leur promulgation, et les règlements des assemblées parlementaires avant leur mise en application, doivent être soumis au Conseil constitutionnel qui se prononce sur leur conformité à la Constitution.

Les lois ordinaires peuvent être envoyées au Conseil constitutionnel avant leur promulgation par le président de la République, le Premier ministre, le président de l'Assemblée nationale, le président du Sénat et depuis la réforme constitutionnelle adoptée par le Parlement réuni en congrès le 29 octobre 1974, par 60 députés ou 60 sénateurs.

Le Conseil constitutionnel statue (rend sa décision) dans un délai d'un mois. Ce délai est réduit à 8 jours quand le gouvernement déclare l'urgence.
La saisine du Conseil constitutionnel suspend le délai de promulgation.

Le Conseil constitutionnel peut être appelé par le gouvernement à déterminer la frontière entre le domaine réglementaire et le domaine de la loi.

Une disposition déclarée inconstitutionnelle ne peut être ni promulguée ni mise en application. Les décisions du Conseil constitutionnel ne sont susceptibles d'aucun recours.

En 2004, le Conseil constitutionnel a examiné :
– l'organisation décentralisée de la République ;
– la réorganisation de l'assurance maladie ;
– la clarification des rapports entre droit national et droit européen ;
– 20 recours électoraux.

## Les obligations imposées aux membres du Conseil constitutionnel

Avant d'entrer en fonction, les membres nommés du Conseil constitutionnel prêtent serment devant le président de la République.

Ils jurent de bien et fidèlement remplir leurs fonctions, de les exercer en toute impartialité dans le respect de la Constitution, de garder le secret des délibérations et des votes et de ne prendre aucune position publique, de ne donner aucune consultation sur les questions relevant de la compétence du Conseil. Un acte est dressé de la prestation de serment.

Les fonctions des membres du Conseil constitutionnel sont incompatibles avec celles de membre du gouvernement ou du Parlement ou du Conseil économique et social.
Pendant la durée de leurs fonctions, les membres du Conseil constitutionnel ne peuvent être nommés à aucun emploi public ni, s'ils sont fonctionnaires publics, recevoir une promotion au choix.

### Les circonstances exceptionnelles

Le Conseil constitutionnel constate l'état de vacance de la présidence de la République. Ce fut le cas en 1969 après la démission du général de Gaulle et, en 1974, après le décès de Georges Pompidou.
Le Conseil constitutionnel est consulté avant la prise des pleins pouvoirs par le président de la République. Ce fut le cas en 1961 lors du putsch d'Alger.
L'avis motivé du Conseil constitutionnel est publié au *Journal officiel*.

# Le Conseil économique et social

**Troisième assemblée constitutionnelle de la République, il siège à Paris, au palais d'Iéna. Il conseille le gouvernement et participe à l'élaboration de la politique économique et sociale du pays. Il n'a qu'un pouvoir consultatif.**

## Le gouvernement consulte le Conseil économique et social

- Il le consulte obligatoirement pour avis sur les projets et propositions de loi [*p. 50*], de programme ou de plan.
- Le gouvernement consulte éventuellement le conseil pour tout problème à caractère économique ou social.

Exemples : les perspectives énergétiques de la France à l'horizon 2010-2020 ; sport de haut niveau et argent ; le droit du travail : les dangers de son ignorance.

## Le Conseil économique et social émet des avis

Chaque semestre, il émet un avis sur la situation économique des six mois précédents et sur les perspectives du semestre suivant. Il peut de sa propre initiative appeler l'attention du gouvernement sur des sujets très divers.
Exemples : liberté d'information du citoyen face au développement des médias ; la France face aux enjeux des biotechnologies ; âges et emploi à l'horizon 2010 ; aéroports de proximité et aménagement du territoire.

## Qui siège au Conseil économique et social ?

Le Conseil économique et social comprend 231 membres âgés d'au moins 25 ans, désignés ou nommés pour une durée de cinq ans. 70 % des membres sont désignés par l'organisation qu'ils représentent : organisations syndicales, professionnelles, organismes de la coopération et de la mutualité, associations familiales. 30 % des membres sont nommés par le gouvernement : représentants des entreprises publiques, représentants de l'outre-mer, des personnalités qualifiées…
Aux 231 membres, s'ajoutent 72 experts désignés par le Premier ministre pour 2 ans.

## L'organisation du Conseil économique et social

- *Le bureau* : le président et dix-huit membres élus au scrutin secret, pour deux ans et six mois. Il fixe l'ordre du jour des travaux.
- *Les sections spécialisées* sont au nombre de neuf. Chaque section comprend 27 à 29 membres et couvre un secteur d'activité. Dans leur spécialité, elles préparent les rapports et les avis. Une commission spéciale prépare les avis et rapports concernant le plan et les problèmes de planification.
- *L'assemblée plénière* : réunie en séance publique, une à deux fois par mois, elle vote les avis préparés par les sections spécialisées.

# LE FONCTIONNEMENT DU CONSEIL

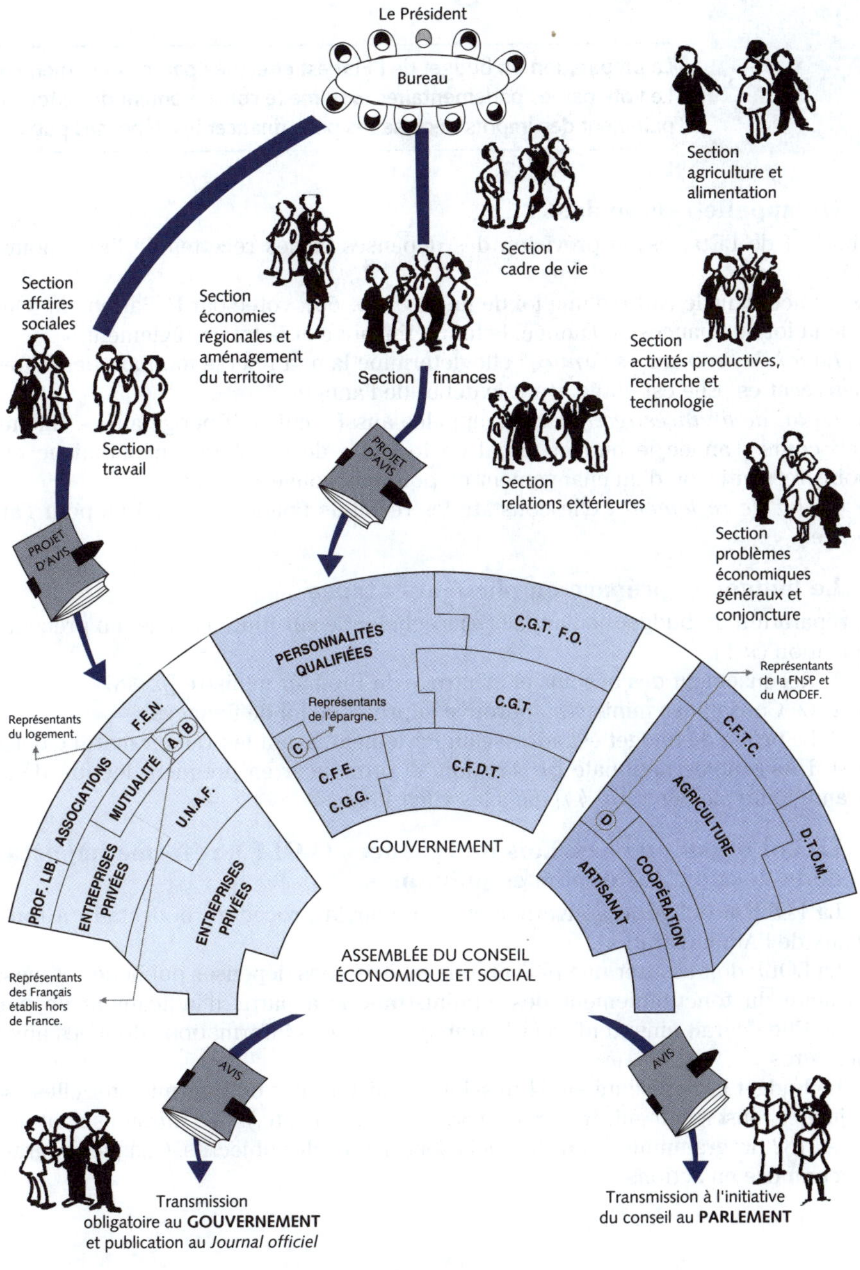

# La préparation et le vote du budget de l'État

**La préparation du budget de l'État est effectuée par le gouvernement. Le vote par les parlementaires exprime le consentement des citoyens au paiement des impôts nécessaires pour financer les dépenses publiques.**

## Qu'appelle-t-on budget ?

Le budget de l'État est la prévision des dépenses et des recettes de l'État pour une année.

Il est conçu dans le cadre d'une loi de finances [*p. 50*], votée par le Parlement. On distingue la loi de finances de l'année, la loi rectificative et la loi de règlement.

- *La loi de finances de l'année* : elle détermine la nature et le montant des dépenses et des recettes. Elle est votée avant le début de l'année.
- *La loi de finances rectificative* : appelée aussi « collectif budgétaire ». Elle modifie en cours d'année le budget initial en fonction de l'évolution économique et des besoins ressentis, ou d'un changement de politique gouvernementale.
- *La loi de règlement* : elle constate les résultats financiers définitifs pour l'année écoulée.

## Le budget se prépare en plusieurs étapes

La préparation du budget de l'année (*n*) s'échelonne sur toute l'année qui précède son application (*n*-1).

- 1. Recensement des besoins et arbitrage du Premier ministre [*p. 38*].
- 2. Le Conseil des ministres approuve le projet de loi de finances.
- 3. Le projet de budget est adressé au Parlement, avant le premier mardi d'octobre.
- 4. L'Assemblée nationale [*p. 42*] doit se prononcer en première lecture dans les quarante jours ; le Sénat [*p. 44*] dans les vingt jours.

## La Loi organique aux Lois de Finances (LOLF), réforme importante de la gestion des dépenses publiques

- La LOLF a obligé le gouvernement à revoir la procédure budgétaire à tous les niveaux de l'Administration.
- La LOLF doit assurer une plus grande maîtrise des dépenses publiques et mesurer l'efficacité du fonctionnement des administrations à partir d'indicateurs de performance. Elle devrait ainsi renforcer la transparence des informations données aux parlementaires.
- Le budget est présenté en 34 missions ministérielles ou interministérielles (sécurité, justice, enseignement, transport, travail et emploi, etc.). Ces missions sont découpées en 132 programmmes pour lesquels sont définis des objectifs. Chaque programme se décompose en actions.

# LE CALENDRIER DU BUDGET DE LA NATION

|  | |
|---|---|
| Janvier (année *n*-1) | **1. Cadrage et perspectives** Analyse détaillée des dépenses ou des recettes effectives par la Direction du budget du ministère des Finances. |
| Février | Définition des grandes orientations de la politique budgétaire pour l'année à venir. |
| Mars | |
| Avril | « Lettre de cadrage » du Premier ministre, adressée à tous les ministres, pour donner les instructions nécessaires à la préparation de leur budget. |
| Mai | **2. Mise au point définitive du projet de loi de finances** |
| Juin | Arbitrages rendus par le Premier ministre. |
| Juillet | Détermination définitive des recettes et des dépenses. |
| Août | Élaboration détaillée du budget et réalisation des fascicules budgétaires. |
| Sept. | Présentation au Conseil des ministres. |
| Oct. | **3. Vote du budget de l'année « *n* ».** Discussion et vote du budget par le Parlement (Assemblée nationale et Sénat). |
| Nov. | |
| Déc. | Publication de la loi de finances, au *Journal officiel*. |
| Année budgétaire *n* | **4. Exécution du budget** Les opérations figurant dans le budget voté sont exécutées selon des règles précises, dans le cadre de l'année civile. Elles peuvent être modifiées par une loi de finances rectificative appelée « collectif budgétaire ». |

### Le budget dépasse deux mètres

Le budget et ses annexes, ce sont 159 fascicules budgétaires soit 24 à 25 000 pages, une pile de 2,3 m de haut et un poids de 50 kg.
Il faut 90 tonnes de papier pour assurer l'ensemble de sa diffusion : 280 000 fascicules.
200 personnes travaillent à temps complet à la Direction du budget.

# L'exécution et le contrôle du budget de l'État

**Après son vote par le Parlement et après sa publication au *Journal officiel*, le budget de l'État est mis en application. On perçoit alors les recettes et on engage les dépenses prévues.**

## Les conditions d'exécution du budget

Les opérations d'exécution du budget sont divisées en deux phases distinctes, confiées à deux catégories d'agents publics, indépendants l'un de l'autre, les ordonnateurs et les comptables.

- *Les ordonnateurs* préparent l'exécution des dépenses ou le recouvrement des recettes. Ils établissent soit un titre de perception pour les recettes, soit une ordonnance ou mandat de paiement pour les dépenses.
- *Les comptables* du Trésor public sont chargés de procéder à l'encaissement des recettes et de payer les dépenses de l'État.

À l'échelon départemental, le trésorier payeur général est le comptable principal de l'État. Il paye les dépenses prévues au budget de l'État et dirige les services départementaux du Trésor chargés d'encaisser les principaux impôts.

## L'exécution de la dépense publique

1. L'engagement de la dépense : c'est la décision de procéder à cette dépense.
2. La liquidation : on détermine le montant exact de cette dépense.
3. L'ordonnancement : c'est l'ordre de payer donné par l'ordonnateur.
4. Le paiement : le versement est effectué par le comptable du Trésor.

## Le contrôle de l'exécution du budget

Ce contrôle est effectué à plusieurs niveaux :

- *Avant l'exécution* : un contrôleur financier garantit le respect des décisions budgétaires pour éviter, par exemple, toute dépense non autorisée.
- *En cours d'exécution* : il est exercé soit par les comptables publics chargés d'appliquer les règles de la comptabilité publique, soit par l'Inspection générale des finances qui vérifie, sur place, la gestion de tous les organismes gérant des fonds de l'État.
- *Après l'exécution* : les contrôles sont effectués par la Cour des comptes qui est une juridiction composée de magistrats inamovibles.

## Qu'est-ce qu'un déficit budgétaire ?

Il y a déficit budgétaire (ou découvert budgétaire) lorsque les dépenses sont supérieures aux recettes. Pour l'année 2006, premier budget présenté selon les exigences de la LOLF, le déficit prévu est de 47 milliards d'euros.

## L'évolution de la dette publique française

Pour couvrir ce déficit, l'État emprunte chaque année. Depuis 25 ans, la dette des administrations publiques a été multipliée par 5. Actuellement, elle dépasse 1 100 milliards d'euros. Chaque année, le paiement des intérêts de la dette publique représente une part importante des dépenses.

# RECETTES ET DÉPENSES DU BUDGET GÉNÉRAL ANNÉE 2006

RECETTES DE L'ÉTAT
217 300 MDS D'€

AUTRES RECETTES

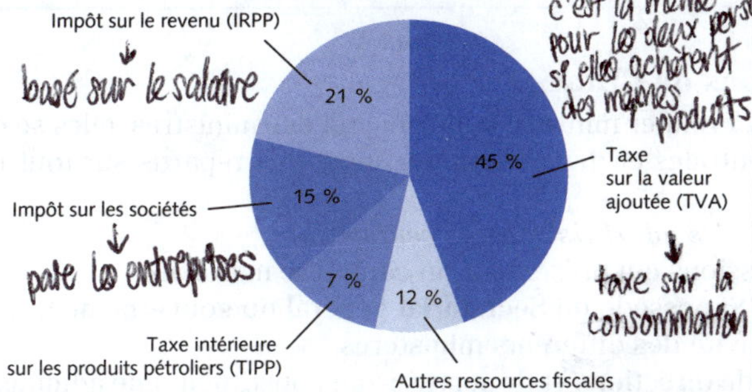


DÉPENSES DE L'ÉTAT
329,5 MDS D'€

DÉFICIT SI DÉPENSES SUPÉRIEURES AUX RECETTES 46,9 MDS D'€

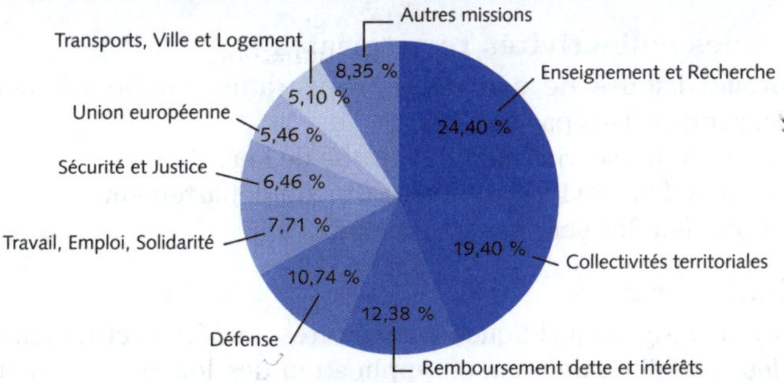


## La disparition du franc

Le franc n'existe plus depuis le 17 février 2002. Il est remplacé par l'euro (€). Un euro vaut 6,55957 francs. Les pièces et billets en francs peuvent encore être échangés auprès de la Banque de France. Le franc CFA (Communauté financière africaine) est toujours utilisé dans les huit États membres de l'UEMOA (Union économique et monétaire ouest-africaine) et dans les six États membres de la CEMAC (Communauté économique et monétaire d'Afrique centrale). La parité ne change pas : un euro vaut 655,957 FCFA. Vous pouvez changer à la Banque de France ou au Trésor Public vos pièces en francs jusqu'au 17 février 2005 et vos billets jusqu'au 17 février 2012.

# L'Administration

**Tout pouvoir politique dispose d'une structure administrative pour mettre en application ses décisions et satisfaire des besoins collectifs sous forme de service ou d'entreprise publique. L'État assure l'égal accès de chaque citoyen aux services publics.**

## Les administrations de l'État

Placées sous l'autorité du Premier ministre et de chacun des ministres, elles se composent d'administrations centrales et de services déconcentrés répartis sur tout le territoire.

*Au niveau national : les administrations centrales*

Leur sont confiées les missions qui présentent un caractère national.

Le Premier ministre [*p. 38*] possède un Secrétariat général du gouvernement qui coordonne l'ensemble de l'activité des différents ministères.

Chaque ministre dispose de directions et de services qui constituent une administration centrale à Paris et d'administrations locales, réparties sur tout le territoire, appelées services déconcentrés.

*Au niveau local : l'administration territoriale*

Les services déconcentrés des administrations de l'État sont chargés de la mise en application des lois et règlements de chaque ministère, sur l'ensemble du territoire national. Elles assurent les relations entre l'État et les collectivités territoriales.

## Les administrations des collectivités territoriales

Chaque collectivité territoriale dispose de services administratifs autonomes pour mettre en application les décisions prises par les élus.

Le conseil régional [*p. 82*] possède les services administratifs de la région.

Le conseil général [*p. 88*] possède les services administratifs du département.

Le conseil municipal [*p. 96*] possède les services municipaux.

## Les moyens de l'administration

Toute administration dispose de moyens juridiques, budgétaires, matériels et humains.

*Juridiques*. Elle fixe les modalités de mise en application des lois et règlements [*p. 50*].

Ex. : arrêté municipal pour réglementer la circulation.

*Budgétaires*. Elle donne les ordres nécessaires pour exécuter un budget.

Ex. : passation d'un marché pour l'équipement de bureau.

*Matériels*. Elle utilise des locaux et du matériel.

Ex. : les services municipaux sont installés dans une mairie.

*Humains*. Elle gère le corps des fonctionnaires mis à sa disposition.

Ex. : les élus locaux disposent des agents de la fonction publique territoriale (secrétaires de mairie, agents d'entretien…).

# LA FONCTION PUBLIQUE

## Les trois grandes fonctions publiques

Un statut général commun (loi du 13 juillet 1983) fixe les droits et les obligations des fonctionnaires, tout en préservant les spécificités des trois fonctions publiques :

– la fonction publique d'État (administrations centrales et services déconcentrés : 2 543 000 agents) ;
– la fonction territoriale (emplois dans les régions, les conseils généraux et les communes : 1 522 000 agents) ;
– la fonction hospitalière (établissements publics d'hospitalisation, de retraite... : 966 000 agents).

Des dispositifs permettent aux fonctionnaires de passer d'une fonction publique à l'autre.

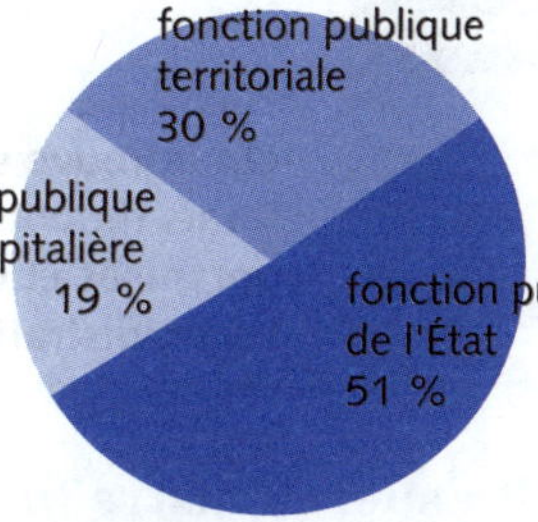


## La carrière

Les fonctionnaires sont répartis en trois catégories hiérarchiques selon leur niveau de recrutement.

Ils appartiennent à des corps qui comprennent plusieurs grades.

Chaque grade comporte plusieurs échelons.

L'accès à un échelon ou un emploi hiérarchique plus élevé s'effectue à l'ancienneté, au choix (mérite) ou sur épreuves.

## Les différents concours

Les fonctionnaires sont recrutés selon différents types de concours :

- concours internes et externes :
  – externes : ouverts à tous, sous certaines conditions de diplôme ;
  – internes : réservés aux agents déjà en activité dans l'Administration justifiant des conditions d'ancienneté ;
- concours sur épreuves et concours sur titres ;
- concours nationaux et concours déconcentrés ;
- concours ministériels et concours interministériels.

### Le saviez-vous ?

L'ensemble de la Fonction Publique française représente plus de 5 millions de fonctionnaires soit 20 % de l'emploi total en France. Plusieurs centaines de concours sont organisés toute l'année. Le *Journal officiel* publie, en janvier, un calendrier prévisionnel des concours de l'année.

| Catégorie | Niveau recrutement | Tâches effectuées | Exemple |
|---|---|---|---|
| A (27,60 %) | enseignement supérieur | direction encadrement | administrateurs civils, professeurs, ingénieurs |
| B (23,30 %) | baccalauréat | application rédaction | secrétaires, techniciens |
| C (49,10 %) | brevet des collèges BEP, CAP, sans diplôme | exécution | agents administratifs et des services techniques, ouvriers professionnels |

# L'administration centrale

**On retrouve sur tout le territoire français différents services administratifs (impôts, enseignement, police...). Ces services sont centralisés, organisés et coordonnés par une administration centrale. L'administration obéit au principe hiérarchique.**

## Le Premier ministre [*p. 38*], chef de l'Administration

Il est le chef de l'Administration. Il définit, en fonction des choix politiques prioritaires, le nombre, la désignation et le rôle de chaque ministère.

## Le ministre [*p. 40*], responsable d'un domaine d'intervention

- Chaque ministre est responsable de la mise en application des décisions du gouvernement dans le domaine qui lui est réservé.
Il organise l'ensemble des services de son ministère, qui comprend un cabinet et des directions spécialisées.
- Le cabinet est composé de conseillers et de collaborateurs directs du ministre. La durée de leur mission est liée à celle du ministre.
Le cabinet étudie et prépare toutes les décisions gouvernementales et administratives.
- Plusieurs directions spécialisées, constituées de services très hiérarchisés traitent toutes les questions courantes relatives à leur domaine.
- Il a un rôle administratif important :
– il dispose d'un pouvoir réglementaire ; pour la mise en application des lois et décrets [*p. 50*] il prend des arrêtés, et il élabore des circulaires pour réglementer le fonctionnement de ses services ;
– il est chargé de la gestion courante des différents services et de l'exécution du budget de son département ministériel ;
– il est chargé de la gestion du personnel dépendant de son ministère.

## Le ministre de l'Intérieur

Le ministre de l'Intérieur est chargé :
– de l'administration générale du territoire ; il exerce son action sur l'ensemble du pays par l'intermédiaire des préfets ;
– des collectivités locales : le ministre de l'Intérieur élabore les textes qui permettent la réalisation d'un minimum d'unité dans les réglementations locales.
Il est garant de la régularité des élections sur tout le territoire, et il assure la gestion du corps des préfets et du personnel des préfectures.

## L'Inspection générale de l'Administration

À la demande d'un ministre, elle effectue des missions de contrôle sur tous les services centraux et les services déconcentrés sur le territoire.

# L'ADMINISTRATION CENTRALE DE L'ÉDUCATION NATIONALE

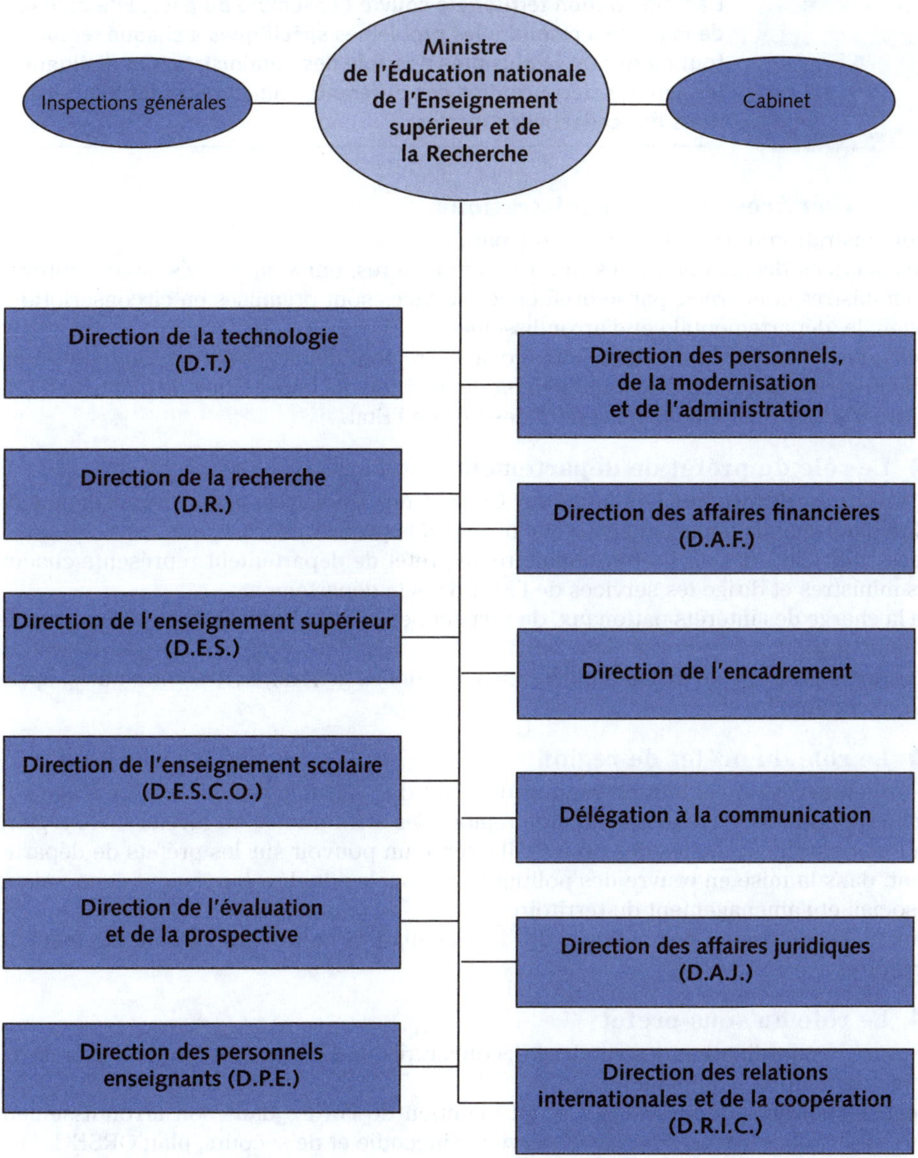


Adhésion au dipositif LMD pour unifier les grades universitaires au niveau européen :

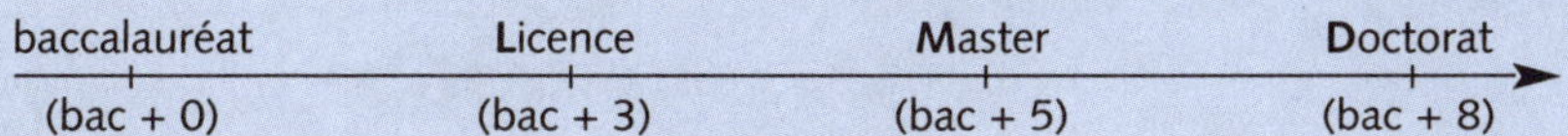

# L'administration territoriale

**L'administration territoriale couvre l'ensemble du pays. Elle doit agir de manière à résoudre les problèmes spécifiques à chaque région, tout en restant le plus près possible des administrés. On distingue les services déconcentrés des différents ministères et les administrations des collectivités locales.**

## Les services et les administrations

L'administration territoriale est assurée par :

- les services déconcentrés des différents ministères, qui sont dirigés, sous l'autorité des ministres concernés, par le préfet ; ces services sont organisés en circonscriptions régionale, départementale et d'arrondissement ;
- les administrations des collectivités locales (région, département et commune) ; les collectivités locales possèdent un pouvoir de décision qui leur permet de disposer d'une liberté d'administration dans le cadre des lois de l'État.

## Le rôle du préfet de département

Le préfet de département, nommé en Conseil des ministres, est le représentant de l'État dans chaque département. Il a son siège à la préfecture.

Placé sous l'autorité du Premier ministre, le préfet de département représente chacun des ministres et dirige les services de l'État dans le département.

Il a la charge des intérêts nationaux, du respect des lois, de l'ordre public et du contrôle administratif.

Il assure le contrôle de la légalité des actes du conseil général, et des communes, après leur exécution.

## Le rôle du préfet de région

Le préfet de région est le représentant de l'État dans chaque région. Il a son siège à la préfecture où se trouve le chef-lieu de région. Ses attributions, au niveau de la région, sont comparables à celles des préfets. Il exerce un pouvoir sur les préfets de département, dans la mise en œuvre des politiques nationales de développement économique et social, et l'aménagement du territoire.

Il anime et coordonne les politiques de l'État en matière culturelle et d'aménagement du territoire.

## Le rôle du sous-préfet

Il assure la coordination des services déconcentrés de l'État au niveau de l'arrondissement : agriculture, équipement...

Il est responsable de la sécurité et du maintien de l'ordre dans son arrondissement (forces de police, protection civile, service d'incendie et de secours, plan ORSEC...).

# Les divisions administratives françaises

## Le territoire national

Population : 62,9 millions
(y compris outre-mer)
(Europe : 456 millions
d'habitants)

Le territoire national comprend la France métropolitaine (continentale et Corse), 4 départements d'outre-mer et 4 territoires d'outre-mer (p. 104).

## La région

La région
Alsace

Collectivité locale qui regroupe plusieurs départements. La France compte 26 régions (dont 1 collectivité territoriale à statut particulier : la Corse et 4 régions d'outre-mer).

## Le département

2 départements
en Alsace :
le Bas-Rhin (67)
le Haut-Rhin (68)

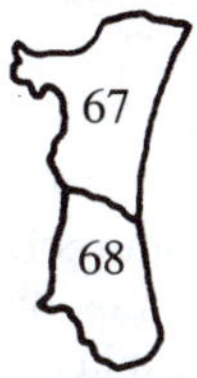


Division administrative du territoire français. La France compte 100 départements dont 4 en outre-mer.

## L'arrondissement

Le département
du Bas-Rhin
se compose de
7 arrondissements.

Division territoriale qui regroupe plusieurs cantons.
La France compte 339 arrondissements dont 12 en outre-mer.

## Le canton

L'arrondissement
de Haguenau,
du département
du Bas-Rhin,
se divise en
3 cantons.

Division territoriale de l'arrondissement. On trouve en général au chef-lieu de canton une gendarmerie et une perception. La France compte 3 839 cantons dont 124 en outre-mer.
(Le canton correspond parfois à une seule commune.)

## La commune

Le canton Bischwiller,
situé dans
l'arrondissement de
Haguenau, rassemble
21 communes.

Unité de base de la division du territoire. La France compte 36 778 communes dont 183 dans les départements et les territoires d'outre-mer (80 % d'entre elles ont moins de 1 000 habitants).

# Le ministère de l'Intérieur et la police nationale

**Sous l'autorité du ministère de l'Intérieur, la police nationale et la sécurité civile contribuent à la sécurité des citoyens et des biens, à la surveillance du territoire et des frontières.**

## Le rôle du ministère de l'Intérieur

- Chargé de la sécurité de l'État et de celle des citoyens, le ministère de l'Intérieur doit maintenir l'ordre républicain et protéger les personnes [*p. 10*] et les biens.
- La protection de la vie et des biens est de la compétence de la Direction de la sécurité civile dont la mission est double : la prévention et l'organisation des secours (plan ORSEC par exemple).
- La police nationale a compétence dans les villes chefs-lieux de département et dans les communes urbaines remplissant les conditions de densité et de continuité de l'urbanisation.

## Les fonctionnaires de police des services actifs

- Comme tous les fonctionnaires [*p. 65*], ils sont recrutés par concours. Puis, ils sont nommés dans l'un des services relevant de l'une des directions de la police nationale, soit à Paris, dans les services centraux [*p. 66*] ou à la préfecture de police, soit dans un service de province.
- *Les commissaires de police* : ils constituent le corps de commandement de la police. Ils assument d'importantes responsabilités dans les différents services de police (sécurité publique, police judiciaire, renseignements généraux, surveillance du territoire).
- *Les inspecteurs de police* : l'inspecteur de police, placé sous l'autorité du commissaire qu'il seconde, est particulièrement chargé d'enquêtes judiciaires et de missions d'information et de surveillance dans les différents services de police.
- *Les officiers de paix* : l'officier de paix exerce le commandement du corps des gradés et gardiens de la paix des services de police en tenue (corps urbains, préfecture de police et CRS).
- *Les gardiens de la paix* : ils assurent la protection des personnes et des biens. Ils constatent les infractions aux lois et règlements et veillent au maintien de l'ordre public. Ils peuvent être promus brigadiers et brigadiers-chefs.

## Les fonctionnaires de police des services administratifs

Pour effectuer toutes les tâches administratives, le ministère recrute des secrétaires administratifs, des commis et des agents de bureau.

# L'ORGANISATION DE LA POLICE NATIONALE

Sous l'autorité de la Direction générale de la police nationale, les fonctionnaires de police sont répartis dans les neuf directions et services actifs.

| | |
|---|---|
| Inspection générale de la police nationale (IGPN appelée « Police des Polices ») | Contrôle les services de police, enquête sur les personnels, étudie le bon fonctionnement des services. |
| Direction centrale de la sécurité publique (DCSP) | Police nationale. Assure le bon ordre, la sécurité des personnes et des biens, la tranquillité publique (exemples : 17, police-secours ; GIPN, groupes d'intervention de la police nationale). |
| Direction centrale de la police judiciaire (PJ) | Lutte contre les activités criminelles (crimes, trafic de stupéfiants, d'armes, banditisme, vols, escroqueries…). |
| Direction centrale des renseignements généraux (RG) | Recherche et centralise des renseignements nécessaires à l'information du gouvernement. |
| Service central des compagnies républicaines de sécurité (CRS) | Unités mobiles formant la réserve de la police nationale. Maintient l'ordre public, surveille les voies de communication (aérodromes, ports), lutte pour la prévention de la délinquance. |
| Direction centrale de la police aux frontières (DCPAF) | Veille au respect de la réglementation communautaire et française, lutte contre l'immigration irrégulière et le travail clandestin. |
| Service de protection des hautes personnalités (SPHP) | Organise les déplacements des hautes personnalités officielles françaises ou étrangères et les déplacements présidentiels. |
| Direction de la surveillance du territoire (DST) | Lutte contre les activités de nature à nuire à la sécurité ou aux intérêts de la nation. |
| Service de la coopération technique internationale de la police (SCTIP) | Mène une action de coopération avec les États partenaires, activités de conseils, de formation. |

# La défense nationale

**La défense a pour objet d'assurer en tout temps, en toutes circonstances et contre toutes les formes d'agression, la sécurité et l'intégrité du territoire ainsi que la protection de la population. Elle doit demeurer flexible pour s'adapter à tous les types de menaces et doit pouvoir assurer la continuité de la vie économique.**

## Les responsables de la politique de défense

*Le président de la République* *[p. 36]*

Il est garant de l'indépendance nationale, de l'intégrité du territoire et du respect des traités. Il est le chef des armées. Il est le seul à pouvoir donner l'ordre d'engager les forces nucléaires. Les grandes décisions en matière de défense sont prises par les différents conseils qu'il préside (Conseil de défense, Comité de défense restreint, Conseil des ministres).

*Le Parlement*

Il fixe, par des lois, l'organisation et les moyens de la défense. Il se prononce régulièrement sur les grandes orientations de la politique militaire de la France (lois de programmation militaire 2003-2008 décidant de l'équipement des armées sur plusieurs années, par exemple).

*Le gouvernement*

Il assure la mise en œuvre des mesures décidées lors des conseils et des comités de défense présidés par le président de la République.

- Le Premier ministre [*p. 38*] : il est responsable de la défense nationale et coordonne l'activité en matière de défense des différents ministères.
- Le ministre de la Défense : il exécute la politique militaire. Assisté des chefs d'état-major, il a autorité sur l'ensemble des forces et services des armées.

## L'organisation permanente des armées

L'état-major des armées : le chef d'état-major des armées, conseiller militaire du gouvernement, assiste le ministre de la Défense. Il veille à l'emploi et à l'organisation générale des forces militaires.

L'état-major de chaque armée est responsable de la préparation des forces armées.

## L'organisation territoriale de la Défense

Le territoire métropolitain est découpé en trois régions militaires de défense (RMD) identiques pour l'armée de terre, de l'air et la gendarmerie : Atlantique, Nord-Est, Méditerranée. Ces régions militaires de défense sont elles-mêmes subdivisées en huit circonscriptions militaires de défense (CMD) et un commandement militaire de l'Ile-de-France.

Le territoire est découpé en deux régions maritimes : région Atlantique (dont le commandement est à Brest), région Méditerranée (dont le commandement est à Toulon). Les départements et territoires d'outre-mer constituent cinq zones de défense : Antilles, Guyane, Sud de l'océan Indien, Polynésie et Nouvelle-Calédonie.

Dans chaque circonscription militaire de défense, un préfet de zone de défense est chargé d'assurer la défense civile et économique.

# ORGANISATION TERRITORIALE DE LA DÉFENSE

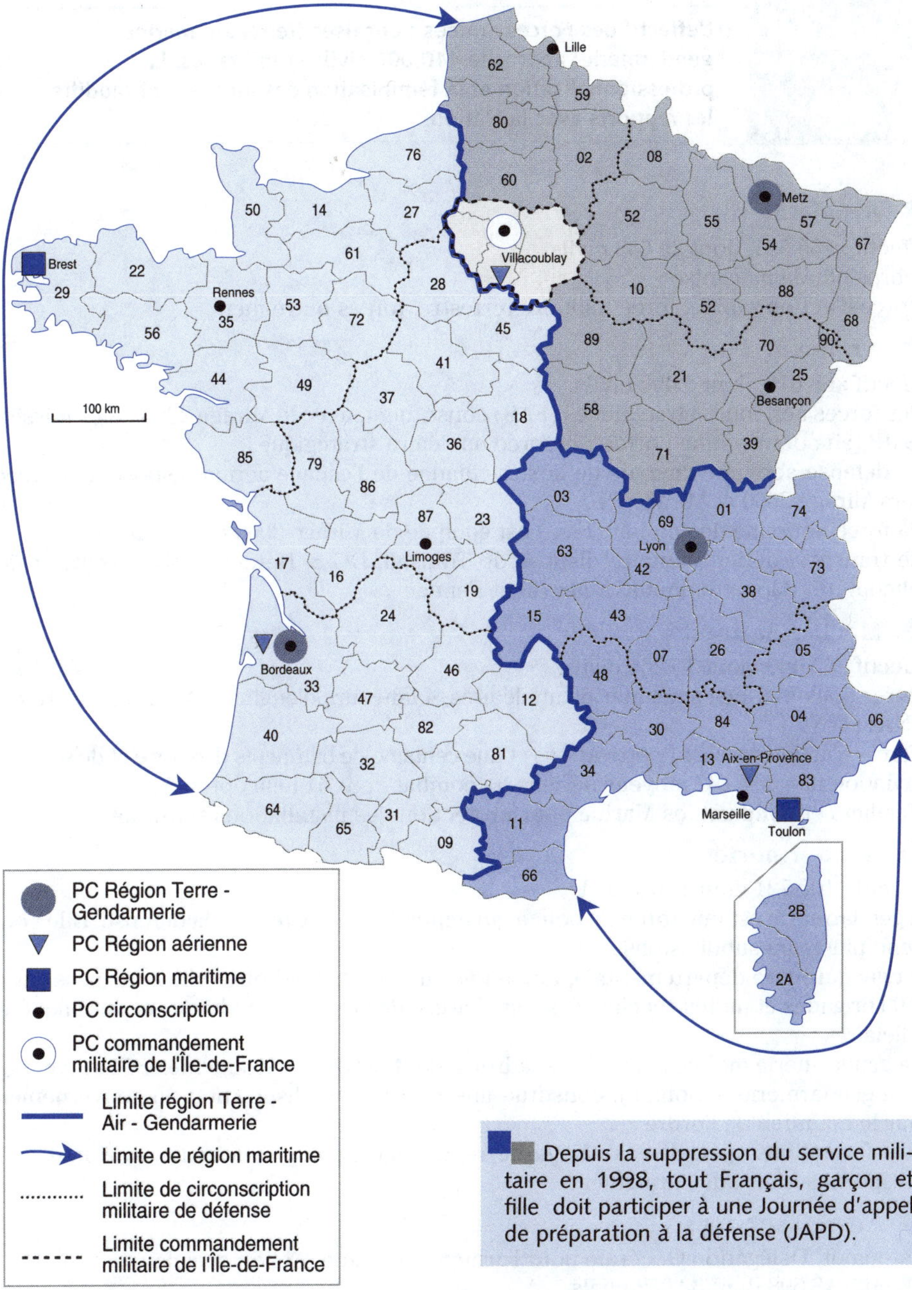


Depuis la suppression du service militaire en 1998, tout Français, garçon et fille doit participer à une Journée d'appel de préparation à la défense (JAPD).

# Les Forces armées françaises

**L'effectif des Forces armées françaises (terre, air, marine, gendarmerie) approche 440 000 civils et militaires. La professionnalisation et la féminisation des armées ont modifié les rapports avec la Nation.**

## Armée de terre

Effectif : 165 521, dont 29 653 civils.
– corps blindé mécanisé ;
– force d'action rapide, force militaire terrestre, forces outre-mer.

## Armée de l'air

Effectif : 68 610, dont 5 498 civils.
– les forces aériennes stratégiques (FAS) constituent, avec le Mirage 2000 et les missiles ASMP (air-sol moyenne portée), la force nucléaire stratégique ;
– la défense aérienne chargée de la surveillance de l'espace aérien dispose d'intercepteurs Mirage 2000 et Mirage F1 ;
– la force aérienne de combat (FAC) est équipée de Mirage 2000 et Jaguar ;
– le transport aérien militaire dispose de Transall, DC 8, Hercules, Mystère 20 et des hélicoptères Alouette, Puma, Écureuil et Fennec.

## Marine nationale

Effectif : 53 460, dont 10 265 civils.
– force sous-marine : sous-marins nucléaires, 4 lanceurs d'engins (SNLE) et 6 d'attaque (SNA) ;
– forces d'action navale : 1 porte-avions et une centaine de bâtiments d'escorte et de soutien ;
– aviation navale : 137 moyens aériens de combat dont 64 hélicoptères ;
– fusiliers et commandos Marine pour protection des installations sensibles.

## Gendarmerie

Effectif : 100 721 dont 1 810 civils.
La gendarmerie est une force de police qui dépend du ministère de la défense. Elle comprend plusieurs subdivisions :
– la gendarmerie départementale, implantée sur tout le territoire (villes incluses) avec 3 603 brigades et unités spécialisées, est chargée de la sécurité publique et des enquêtes judiciaires ;
– la gendarmerie mobile avec 129 escadrons, dont le GIGN (Groupement d'intervention de la gendarmerie nationale), constitue une réserve à la disposition du gouvernement pour le maintien de l'ordre ;
– les formations spécialisées : la garde républicaine ; la gendarmerie maritime, des transports aériens, de l'armement.

## Autres services

État-major, Délégation Générale pour l'armement, Santé, Action sociale.
Effectif : 48 598 dont 33 052 civils.

# LES GRADES ET LES INSIGNES

## ARMÉE DE TERRE

Chez les officiers, aspirants, majors, adjudants-chefs et adjudants, les insignes de grade apparaissent sur le képi et les épaules.
Chez les autres sous-officiers et les militaires du rang, les images de grade apparaissent sur les manches.
Ce sont : des broderies d'or, des étoiles d'argent ou d'or, et suivant les armes des galons et des soutaches de métal or ou argent et des galons de laine de diverses couleurs.

**OFFICIERS GÉNÉRAUX**
Général d'armée – Général de corps d'armée – Général de division – Général de brigade

**OFFICIERS SUPÉRIEURS**
Colonel – Lieutenant-colonel – Chef de bataillon ou d'escadron(s)

**OFFICIERS SUBALTERNES**
Capitaine – Lieutenant – Sous-lieutenant – Aspirant

**SOUS-OFFICIERS**
Major – Adjudant chef – Adjudant
Sergent chef ou maréchal des logis chef – ADL – PDL – Sergent ou maréchal des logis

**MILITAIRES DU RANG**
Caporal chef ou brigadier chef – Caporal ou brigadier – Première classe

## ARMÉE DE L'AIR

Les insignes de grade apparaissent sur la casquette et sur les manches.
Ce sont :
des broderies d'or,
des étoiles d'argent ou d'or,
des galons de métal or ou argent
et des galons de laine orange.

**OFFICIERS GÉNÉRAUX**
Général d'armée aérienne – Général de corps aérien – Général de division aérienne – Général de brigade aérienne

**OFFICIERS SUPÉRIEURS**
Colonel – Lieutenant-colonel – Commandant

**OFFICIERS SUBALTERNES**
Capitaine – Lieutenant – Sous-lieutenant – Aspirant

**SOUS-OFFICIERS**
Major – Adjudant chef – Adjudant
Sergent chef – Sergent ADL – Sergent PDL

**MILITAIRES DU RANG**
chef – Caporal – Première classe

## NATIONALE

Les insignes de grade apparaissent sur la casquette et sur les manches.
Ce sont :
des broderies d'or,
des étoiles d'argent ou d'or,
des galons de métal or ou argent
et des galons de laine rouge.

**ERS GÉNÉRAUX**
Amiral – Vice amiral d'escadre – Vice amiral – Contre amiral

**OFFICIERS SUPÉRIEURS**
Capitaine de vaisseau – Capitaine de frégate – Capitaine de corvette

**OFFICIERS SUBALTERNES**
Lieutenant de vaisseau – Enseigne de vaisseau de 1ère classe – Enseigne de vaisseau de 2e classe – Aspirant

**OFFICIERS MARINIERS**
Major – Maître principal – Premier maître – Maître
Second maître ADL – Second maître PDL

**QUARTIERS-MAÎTRES ET MATELOTS**
Quartier maître de 1ère classe – Quartier maître de 2e classe – Matelot breveté

## GENDARMERIE NATIONALE

Pour les officiers, majors, adjudants-chefs et adjudants, les insignes de grade apparaissent sur le képi et les épaules.
Pour les maréchaux des logis-chefs et gendarmes sur les manches seulement.
Pour les gendarmes auxiliaires sur les épaules.

**OFFICIERS GÉNÉRAUX**
Général de corps d'armée – Général de division – Général de brigade

**OFFICIERS SUPÉRIEURS**
Colonel – Lieutenant-colonel – Chef d'escadron

**OFFICIERS SUBALTERNES**
Capitaine – Lieutenant – Sous-lieutenant

**SOUS-OFFICIERS**
Major – Adjudant chef – Adjudant
Maréchal des logis chef – Gendarme

**GENDARMES AUXILIAIRES**
Maréchal des logis – Brigadier chef – Brigadier – 1ère classe

# Le ministère de l'Éducation nationale

**Le ministère met en place la politique éducative du gouvernement, définit les objectifs pédagogiques, élabore les programmes et les diplômes, assure le recrutement et la formation des personnels.**

## Le système éducatif français (public et privé)

| | Qui décide la construction ? Qui finance ? | Qui dirige l'établissement ? | Quelles sont les instances de gestion et de concertation ? | Les personnels | Qui décide des ouvertures ? Des fermetures ? |
|---|---|---|---|---|---|
| ENSEIGNEMENT SUPÉRIEUR : 2 268 400 étudiants | | | | | |
| UNIVERSITÉS 89 universités<br><br>60 % des étudiants | Ministère : ex. de financement : 75 % État, 25 % collectivités locales | Président d'université élu par le conseil de l'université | Conseils d'université | 88 800 enseignants dont 18 700 professeurs d'université 34 500 maîtres de conférence | Pour diplôme national : le ministère ; diplôme d'université : le conseil d'université |
| Institut universitaire de technologie (IUT) 101 IUT Institut universitaire de formation des maîtres IUFM | | Directeur élu par le conseil d'administration | Conseil d'administration | | Diplôme national : le ministère |
| SECOND DEGRÉ : 5 538 700 élèves | | | | | |
| LYCÉES 4 275 établissements | Région | Proviseur nommé par le ministre | Conseil d'administration comprenant<br>- le personnel de direction et des personnalités<br>- les élus des personnels, des parents d'élèves et des élèves<br>• organe délibératif et consultatif | 523 246 professeurs<br>• agrégés<br>• certifiés<br>• de lycées professionnels | La région détermine les besoins en établissant un schéma prévisionnel des formations et le plan régional de développement de la formation professionnelle des jeunes (PRDF) |
| COLLÈGES 6 988 établissements | Département | Principal nommé par le ministre | | | |
| PREMIER DEGRÉ : 6 585 500 élèves | | | | | |
| ÉCOLES 57 968 dont 18 558 écoles maternelles | Commune après avis de l'inspecteur d'académie | Directeur nommé par l'inspecteur d'académie | Conseil d'école comprenant les enseignants, les représentants de la commune et des parents<br>• organe consultatif | 364 315 instituteurs et professeurs des écoles | Commune et inspection académique |

# La hiérarchie dans l'Éducation nationale

## Niveau national : le ministre

- Nommé par le président de la République.
- Responsable de la mise en œuvre de la politique nationale en matière d'éducation.
- Il dispose d'une administration centrale (4 300 agents) et d'une Inspection générale : 220 inspecteurs généraux assument une mission d'évaluation du système éducatif.

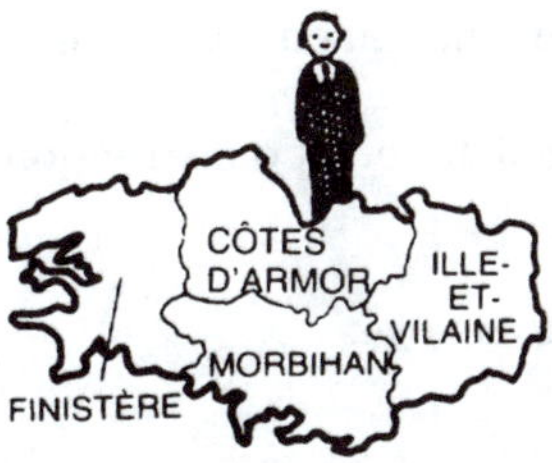


## Niveau académique : le recteur

26 académies en métropole et 4 en outre-mer (Guadeloupe, Guyane, Martinique et Réunion).

- Nommé par décret pris en Conseil des ministres.
- Responsable de l'exécution des décisions du ministre, de l'école maternelle jusqu'à l'enseignement supérieur.
- Il dispose du personnel des services du Rectorat. Il est assisté de conseillers techniques et d'un corps d'inspection qui exercent des missions d'évaluation et d'animation dans les lycées, les collèges et les écoles.

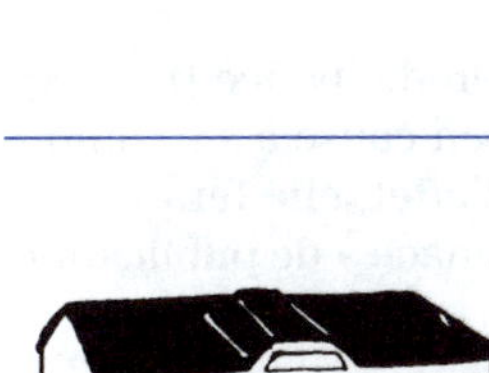


## Niveau départemental : l'inspecteur d'académie Directeur des services départementaux de l'Éducation nationale (IA-DSDEN)

- Nommé par le président de la République.
- Responsable des services et des établissements du département.

## Niveau local : le chef d'établissement

(proviseur de lycée ou principal de collège)

- Nommé par le ministre.
- Responsable de l'organisation et du fonctionnement de l'établissement.
- Il a sous ses ordres : un proviseur adjoint (principal adjoint en collège), des conseillers principaux d'éducation, des enseignants et du personnel administratif et de service.

# Le médiateur

**Le médiateur s'efforce de régler les situations individuelles nées du fonctionnement défectueux d'un service public. L'institution a été créée en 1973. Le médiateur dispose d'un pouvoir de recommandation et d'un pouvoir d'injonction.**

## Qui est le médiateur ?

Il est à la tête d'une administration qui comprend des rédacteurs, des assistants, des conseillers techniques et des correspondants dans les départements qui informent le public (ils tiennent leur permanence à la préfecture).
Le médiateur est nommé pour six ans par décret pris en Conseil des ministres [*p. 40*]. Son mandat n'est pas renouvelable.
Il ne peut être mis fin à ses fonctions avant l'expiration de ce délai qu'en cas d'empêchement constaté.
Le médiateur est une personnalité indépendante, irrévocable, qui ne reçoit d'instruction d'aucune autorité.
Il siège au 7, rue Saint-Florentin 75008 Paris.
Depuis avril 2004, le médiateur de la République est Jean-Paul Delevoye.

## Quel est son rôle ?

Son rôle consiste à démêler des affaires administratives compliquées, des litiges entre un particulier et une administration de l'État, une collectivité territoriale, un établissement public. L'organisme mis en cause doit être français. Il nomme des délégués départementaux afin de rendre l'institution accessible aux administrés.

## De quel pouvoir dispose-t-il ?

- *Le pouvoir de recommandation.* Lorsqu'une réclamation lui paraît justifiée, le médiateur fait, à l'administration [*p. 64*] concernée, toutes les recommandations qui lui paraissent de nature à régler les difficultés et toutes les propositions tendant à améliorer son fonctionnement. La publication des recommandations au *Journal officiel* reste le moyen de persuasion ultime.
- *Le pouvoir d'injonction.* En cas d'inexécution d'une décision de justice [*p. 108*], le médiateur peut enjoindre (c'est-à-dire inviter) l'organisme mis en cause à s'y conformer dans un délai qu'il fixe. Si cette injonction n'est pas suivie d'effet, elle fera l'objet d'un rapport spécial qui sera publié au *Journal officiel.* Cette « menace » de publication suffit le plus souvent à débloquer certaines situations complexes.

## Qui sont les délégués du médiateur ?

- Ce sont des volontaires bénévoles qui aident le réclamant à constituer son dossier pour le transmettre au médiateur par l'intermédiaire d'un parlementaire.
- Il existe 259 délégations sur le territoire national (y compris l'outre-mer).

# L'ACTION DU MÉDIATEUR

## Comment faire appel au médiateur ?

Toute personne et, depuis 1992, les personnes morales peuvent introduire une demande si elles s'estiment lésées par un service public. La requête doit obligatoirement être précédée d'une démarche auprès de l'administration incriminée avant d'être transmise au médiateur par l'intermédiaire d'un député ou d'un sénateur. Il sera parfois préférable de s'adresser d'abord au délégué départemental du médiateur (contacter la préfecture du département). Le recours est gratuit.

Un parlementaire peut, de sa propre initiative, saisir le médiateur d'une question de sa compétence qui lui paraît mériter son intervention.

Sur la demande d'une des six commissions permanentes de son assemblée, le président de l'Assemblée nationale ou du Sénat peut également transmettre au médiateur toute pétition dont son assemblée a été saisie.

## Exemple d'intervention

Le médiateur de la République obtient de la direction de l'Équipement une indemnité substantielle en dédommagement d'un préjudice commercial subi par un hôtelier restaurateur. La fréquentation de son établissement avait eu à souffrir de la construction d'une autoroute, interdisant l'accès à partir de la nouvelle voie.

Chaque année, le médiateur présente au président de la République et au Parlement un rapport dans lequel il établit le bilan de son activité et de celle des délégués. Le rapport est consultable sur le site www.mediateur-de-la-republique.fr

## L'activité des délégués

En 2005, l'ensemble de l'institution (services centraux et délégués) a traité 59 974 affaires.

## Une médiation de proximité

Le délégué départemental du médiateur représente le médiateur de la République dans le département. Il tient sa permanence soit à la préfecture, soit dans les quartiers relevant de la politique de la ville. On peut alors le rencontrer dans la maison de justice et de droit (MJD), la maison de services publics (MSP), les locaux municipaux ….

## Comment faire valoir mes droits face à une discrimination

Pour défendre les principes républicains d'égalité des droits, la Haute Autorité de Lutte contre les Discriminations et pour l'Égalité (HALDE) peut être saisie par courrier ou par un parlementaire en cas de discrimination de toute nature : âge, sexe, race ou origine ethnique, apparence physique, patronyme, handicap, religion, orientation sexuelle, opinions politiques, activités syndicales… La HALDE peut agir comme médiateur ou saisir le Procureur de la République.
www.halde.fr

# La région

**Depuis la loi de décentralisation du 2 mars 1982, la région est érigée en collectivité territoriale de plein exercice, gérée par un conseil régional. Assemblée représentative de la population régionale, sa légitimité se fonde sur son mode d'élection, au suffrage universel direct.**

## Une collectivité territoriale

La région est une collectivité territoriale, au même titre que les départements et les communes, constituée par un ensemble de départements [*p. 86*] regroupés en fonction de leur appartenance à des intérêts économiques et culturels.
La France est divisée en 26 régions dont 4 d'outre-mer (Guadeloupe, Guyane, Martinique, Réunion) et une collectivité territoriale de Corse.

## Les 26 régions

Chaque région est gérée par des conseillers régionaux dont l'effectif varie en fonction de la population.

### Les 26 régions et la répartition des sièges entre les départements

**Alsace 47**
Bas-Rhin (27)
Haut-Rhin (20)

**Aquitaine 85**
Dordogne (12)
Gironde (36)
Landes (10)
Lot-et-Garonne (10)
Pyrénées-Atlantiques (17)

**Auvergne 47**
Allier (13)
Cantal (6)
Haute-Loire (8)
Puy-de-Dôme (20)

**Bourgogne 57**
Côte-d'Or (17)
Nièvre (9)
Saône-et-Loire (19)
Yonne (12)

**Bretagne 83**
Côtes-d'Armor (16)
Finistère (25)
Ille-et-Vilaine (24)
Morbihan (18)

**Centre 77**
Cher (11)
Eure-et-Loir (13)
Indre (8)
Indre-et-Loire (17)
Loir-et-Cher (10)
Loiret (18)

**Champagne-Ardenne 49**
Ardennes (11)
Aube (11)
Marne (19)
Haute-Marne (8)

**Corse 51**
Corse-du-Sud (28)
Haute-Corse (33)

**Franche-Comté 43**
Territ. de Belfort (6)
Doubs (18)
Jura (10)
Haute-Saône (9)

**Guadeloupe 41**

**Guyane 31**

**Ile-de-France 209**
Essonne (21)
Hauts-de-Seine (27)
Ville de Paris (42)
Seine-et-Marne (21)
Seine-St-Denis (27)
Val-de-Marne (24)
Val-d'Oise (21)
Yvelines (26)

**Languedoc-Rous. 67**
Aude (10)
Gard (18)
Hérault (24)
Lozère (3)
Pyrénées-Orient. (12)

**Limousin 43**
Corrèze (14)
Creuse (8)
Haute-Vienne (21)

**Lorraine 73**
Meurthe-et-Mos. (22)
Meuse (7)
Moselle (31)
Vosges (13)

**Martinique (41)**

**Midi-Pyrénées 91**
Ariège (6)
Aveyron (10)
Haute-Garonne (32)
Gers (7)
Lot (6)
Hautes-Pyrénées (9)
Tarn (13)
Tarn-et-Garonne (8)

**Basse-Normandie 47**
Calvados (21)
Manche (16)
Orne (10)

**Haute-Normandie 55**
Eure (17)
Seine-Maritime (38)

**Nord-Pas-de-Calais 113**
Nord (72)
Pas-de-Calais (41)

**Pays-de-la-Loire 93**
Loire-Atlantique (31)
Maine-et-Loire (21)
Mayenne (9)
Sarthe (16)
Vendée (16)

**Picardie 57**
Aisne (17)
Oise (23)
Somme (17)

**Poitou-Charentes 55**
Charente (12)
Charente-Marit. (18)
Deux-Sèvres (12)
Vienne (13)

**Provence-Alpes-Côte-d'Azur 123**
Alpes-de-Haute Provence (5)
Hautes-Alpes (4)
Alpes-Maritimes (28)
Bouche-du-Rh. (49)
Var (23)
Vaucluse (14)

**Réunion (45)**

**Rhône-Alpes 157**
Ain (14)
Ardèche (9)
Drôme (12)
Isère (29)
Loire (22)
Rhône (43)
Savoie (11)
Haute-Savoie (17)

# LA DIVISION DE LA FRANCE EN RÉGIONS

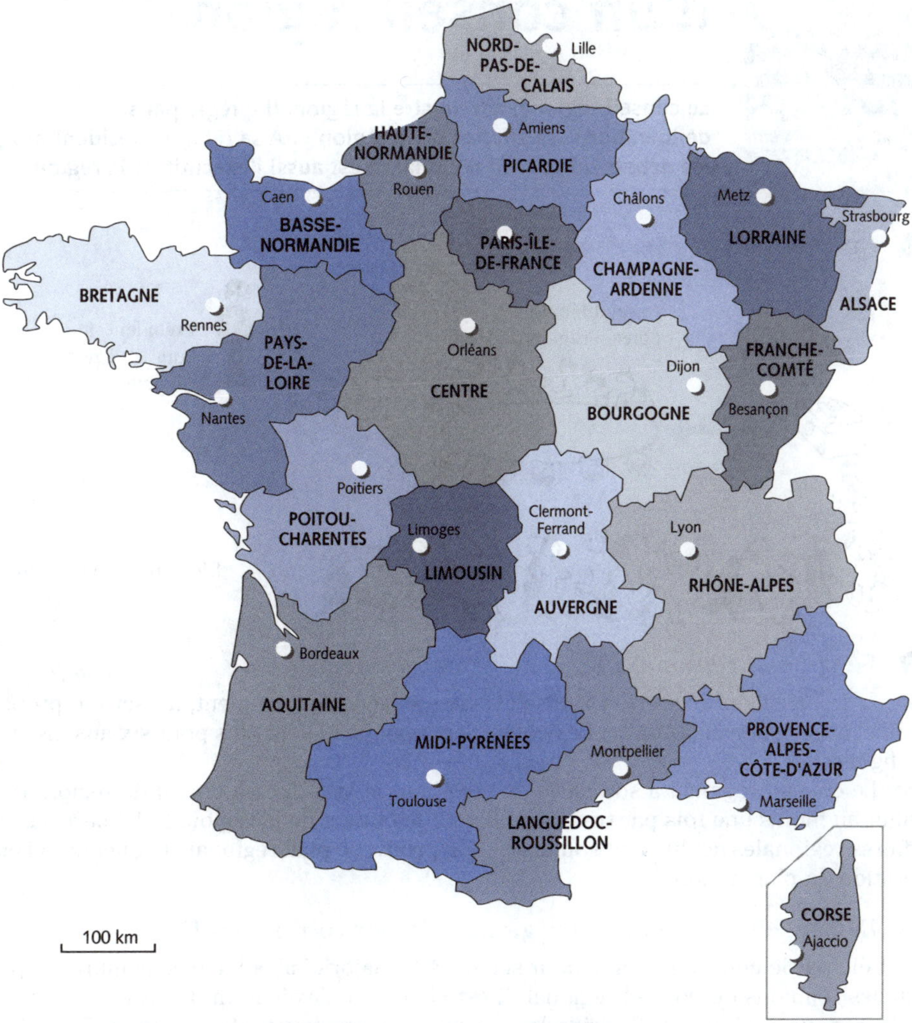


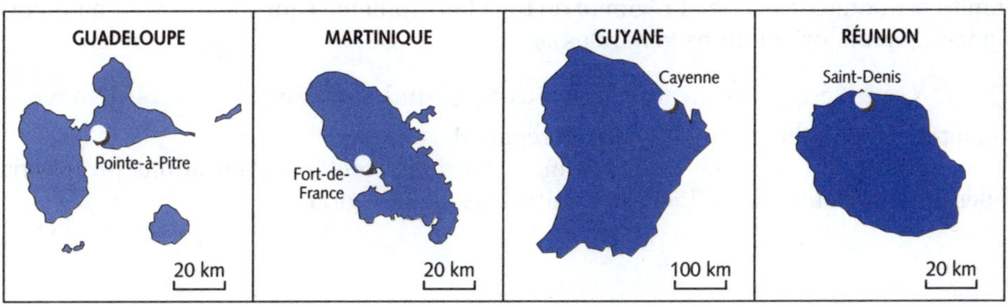

# L'organisation d'un conseil régional

**Le conseil régional administre la région. Il « règle par ses délibérations les affaires de la région ». À sa tête, le président dirige les débats du conseil régional, il est aussi l'exécutif de la région.**

## Une collectivité territoriale

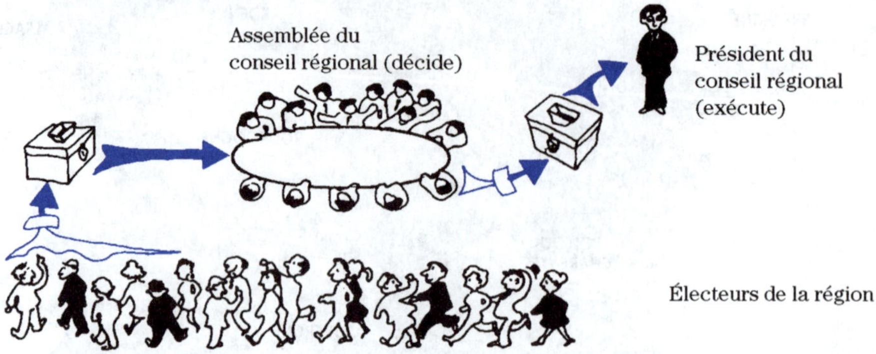


## Le conseil régional : le pouvoir délibératif

- Les conseillers régionaux sont élus, dans chaque département, au scrutin proportionnel avec prime majoritaire. Les conseillers régionaux sont élus pour six ans. Ils sont rééligibles.
- Le conseil régional a son siège au chef-lieu de la région, à l'hôtel de région. Il se réunit au moins une fois par trimestre. Il vote le budget de la région. Il délibère sur les affaires régionales qui lui sont soumises. Il approuve le plan régional et concourt à l'élaboration du plan national.

## Le président du conseil régional : le pouvoir exécutif

Il est élu par le conseil régional pour six ans à la majorité absolue des membres. Il préside les réunions du conseil régional. Il est chargé de l'exécution des décisions et des délibérations du conseil. Il dirige les services administratifs de la région. Il saisit le Comité économique et social régional de tous les problèmes qui sont de sa compétence (budget, plan et orientations générales).

## Le Comité économique et social régional : assemblée consultative

Il émet des avis à l'intention du conseil régional.
Ses membres sont désignés pour six ans par les différentes organisations professionnelles, économiques, scientifiques et culturelles de la région.

# LE CONSEIL RÉGIONAL, COMMISSIONS ET SERVICES

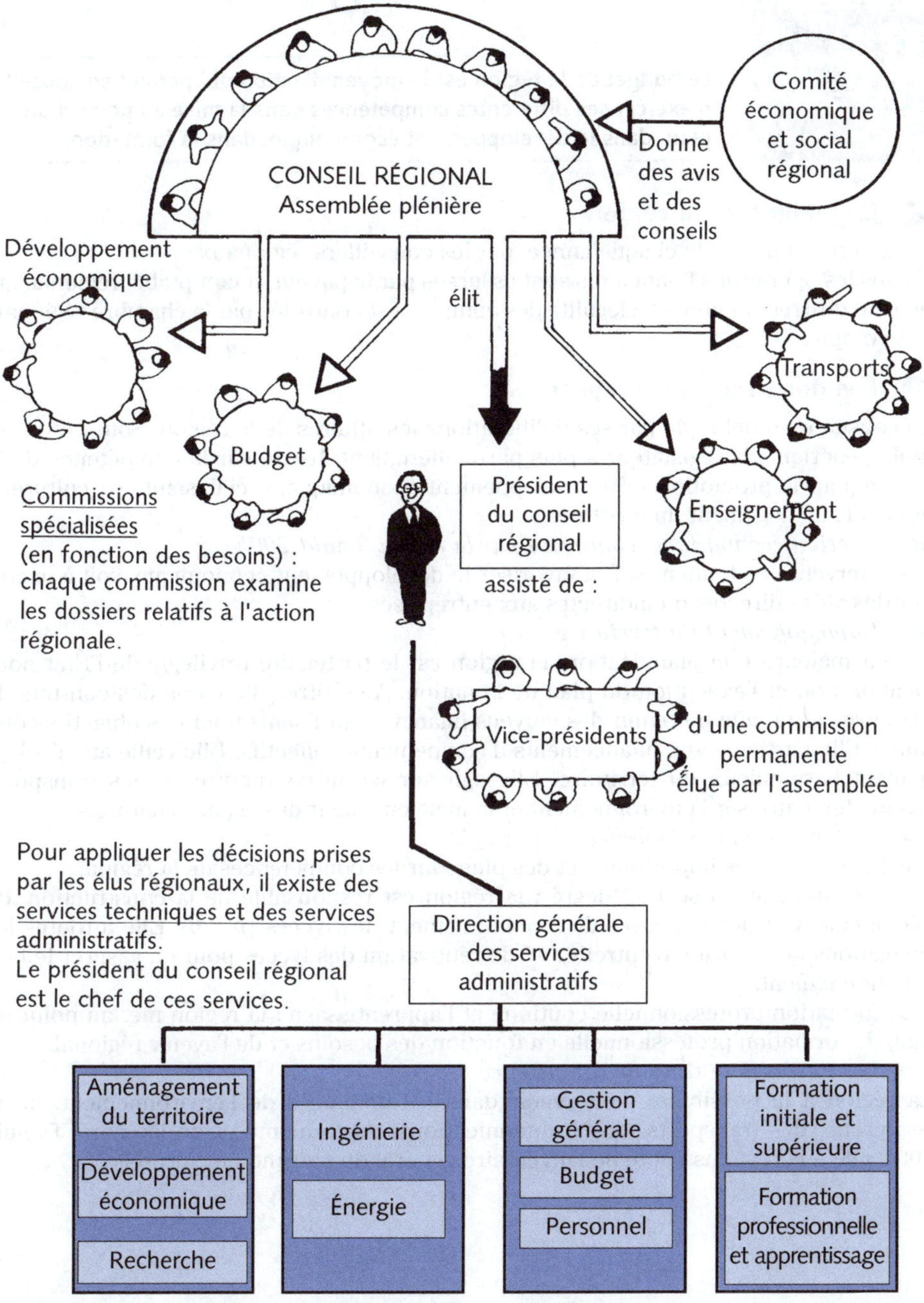

# Les compétences du conseil régional

**Le budget de la région est le moyen d'action qui permet au conseil d'exercer ses différentes compétences dans la mise au point d'un plan, dans le développement économique, dans la formation.**

## Le budget de la région

Il est voté, au début de chaque année, par les conseillers régionaux.
Toutes les opérations financières sont assurées par le payeur et comptable régional, qui dépend du Trésor public. La légalité des comptes est contrôlée par la chambre régionale des comptes.

## Les domaines de compétence

Le conseil régional règle par ses délibérations les affaires de la région. Sous cette formule générique, le législateur a plus particulièrement insisté sur la compétence de la région pour la promotion « du développement économique, social, sanitaire, culturel » et de « l'aménagement du territoire ».

### *L'action économique, confirmée par la loi du 3 août 2004*

Les interventions tendent soit à favoriser le développement économique, soit à accorder des aides directes ou indirectes aux entreprises.

### *L'aménagement du territoire*

Acteur majeur de la planification, la région est le partenaire privilégié de l'État pour l'élaboration et l'exécution du plan de la nation. À ce titre, elle passe des contrats de plan avec l'État afin de réunir des moyens financiers suffisants pour des objectifs communs. Elle participe aux financements d'équipements collectifs. Elle veille au développement harmonieux du territoire. Elle agit sur les infrastructures et les transports (route, fer, eau), sur l'environnement et la mise en valeur des espaces naturels.

### *La formation des hommes*

C'est l'une des plus importantes et des plus lourdes compétences de la région.

- L'enseignement du second degré : la région est responsable de la construction, de l'équipement et des dépenses de fonctionnement des lycées [*p. 76*]. Elle a toutes les obligations de sécurité, d'entretien et de rénovation des lycées pour en assurer le bon fonctionnement.
- La formation professionnelle continue et l'apprentissage : la région met au point un plan de formation professionnelle en fonction des besoins et de l'avenir régional.

### *Les autres domaines de compétence*

La région a la possibilité d'intervenir dans les domaines de l'environnement, de la recherche, des transports, des communications, du tourisme et de la santé. Depuis 2004, elle a la responsabilité de l'inventaire général du patrimoine culturel.

# DÉCENTRALISATION : LES NOUVELLES COMPÉTENCES

| | Région | Département | Commune ou groupement intercommunal |
|---|---|---|---|
| Action sociale (décentralisée depuis 1984) | Après le transfert du RMI-RMA aux départements, l'État continue à fixer le montant et les conditions d'attribution du RMI. | Depuis le 1er janvier 2004, les départements sont chargés du versement de l'allocation RMI ainsi que du dispositif Revenu minimum d'activité (RMA). | |
| | | Schéma départemental gérontologique. | |
| | | Transfert par l'État du Fonds d'aide aux jeunes en difficulté (FA). | |
| Santé (décentralisée depuis 1984) | Programme régional de santé publique. Possibilité de participer au financement d'équipements sanitaires. | | |
| | Les régions deviennent responsables des formations sociales et paramédicales. | | |
| Enseignement (décentralisé depuis 1986) | Transfert de propriété du patrimoine immobilier des lycées. | Transfert de propriété du patrimoine immobilier des collèges. | |
| | Transfert par l'État de la gestion et rémunération du personnel non enseignant des lycées. | Transfert par l'État de la gestion et rémunération du personnel non enseignant des collèges. | |
| Formation professionnelle (décentralisée depuis 1983) | Pleine responsabilité de la formation professionnelle des adultes, notamment des crédits de l'Afpa (Association professionnelle des adultes). | | |
| Développement économique (décentralisé depuis 1982) | Schéma régional de développement économique, en concertation avec les autres collectivités. | | |
| Fonds structurels | Transfert par l'État de la gestion des fonds structurels européens aux collectivités qui en feront la demande, à titre expérimental. | | |
| Transports et infrastructures | Élaboration d'un schéma régional des infrastructures des transports. | Transfert par l'État de la gestion de 20 000 km (sur 30 000 km) de routes nationales. | |
| Logement | | Transfert par l'État du Fonds de solidarité logement (FSL) et de la responsabilité du logement des étudiants. | Les préfets de région transfèrent aux groupements de communes (ou aux départements pour les zones rurales) les aides financières pour la construction de logements sociaux. |

# Le département

**Créé par la Révolution, le département a été conçu dans le cadre d'un découpage géographique destiné à rationaliser l'organisation administrative du territoire. Napoléon donna un rôle prépondérant au représentant de l'État, le préfet, détenteur de l'exécutif.**

## La division du territoire français en départements

- La France est divisée en 100 départements (96 départements métropolitains et 4 départements d'outre-mer).
- Chaque département est divisé en cantons dont le nombre varie de 15 (Territoire de Belfort) à 79 (département du Nord).
- Le canton est un découpage géographique du département qui regroupe des communes ou des secteurs urbains. Il constitue une circonscription électorale pour l'élection des conseillers généraux.

## Les différents départements et leurs chefs-lieux

| | | |
|---|---|---|
| 01 | Ain | Bourg-en-Bresse |
| 02 | Aisne | Laon |
| 03 | Allier | Moulins |
| 04 | Alpes-de-Hte-P. | Digne |
| 05 | Alpes (Hautes-) | Gap |
| 06 | Alpes-Maritimes | Nice |
| 07 | Ardèche | Privas |
| 08 | Ardennes | Mézières |
| 09 | Ariège | Foix |
| 10 | Aube | Troyes |
| 11 | Aude | Carcassonne |
| 12 | Aveyron | Rodez |
| 13 | Bouches-du-Rh. | Marseille |
| 14 | Calvados | Caen |
| 15 | Cantal | Aurillac |
| 16 | Charente | Angoulême |
| 17 | Charente-Mar. | La Rochelle |
| 18 | Cher | Bourges |
| 19 | Corrèze | Tulle |
| 20A | Corse-du-Sud | Ajaccio |
| 20B | Haute-Corse | Bastia |
| 21 | Côte-d'Or | Dijon |
| 22 | Côtes-d'Armor | St-Brieuc |
| 23 | Creuse | Guéret |
| 24 | Dordogne | Périgueux |
| 25 | Doubs | Besançon |
| 26 | Drôme | Valence |
| 27 | Eure | Évreux |
| 28 | Eure-et-Loir | Chartres |
| 29 | Finistère | Quimper |
| 30 | Gard | Nîmes |
| 31 | Garonne (Hte) | Toulouse |
| 32 | Gers | Auch |
| 33 | Gironde | Bordeaux |
| 34 | Hérault | Montpellier |
| 35 | Ille-et-Vilaine | Rennes |
| 36 | Indre | Châteauroux |

| | | |
|---|---|---|
| 37 | Indre-et-loire | Tours |
| 38 | Isère | Grenoble |
| 39 | Jura | Lons-le-Saunier |
| 40 | Landes | Mt-de-Marsan |
| 41 | Loir-et-cher | Blois |
| 42 | Loire | St-Étienne |
| 43 | Loire (Haute-) | Le Puy |
| 44 | Loire-Atlant. | Nantes |
| 45 | Loiret | Orléans |
| 46 | Lot | Cahors |
| 47 | Lot-et-Garonne | Agen |
| 48 | Lozère | Mende |
| 49 | Maine-et-Loire | Angers |
| 50 | Manche | Saint-Lô |
| 51 | Marne | Châlons-en-Champagne |
| 52 | Marne (Haute-) | Chaumont |
| 53 | Mayenne | Laval |
| 54 | Meurthe-et-Mos. | Nancy |
| 55 | Meuse | Bar-le-Duc |
| 56 | Morbihan | Vannes |
| 57 | Moselle | Metz |
| 58 | Nièvre | Nevers |
| 59 | Nord | Lille |
| 60 | Oise | Pontoise |
| 61 | Orne | Alençon |
| 62 | Pas-de-Calais | Arras |
| 63 | Puy-de-Dôme | Ct-Ferrand |
| 64 | Pyrénées-Atlan. | Pau |
| 65 | Pyrénées (Hautes-) | Tarbes |
| 66 | Pyrénées-Orient. | Perpignan |
| 67 | Rhin (Bas-) | Strasbourg |
| 68 | Rhin (Haut-) | Mulhouse |
| 69 | Rhône | Lyon |
| 70 | Saône (Hte-) | Vésoul |

| | | |
|---|---|---|
| 71 | Saône-et-Loire | Mâcon |
| 72 | Sarthe | Le Mans |
| 73 | Savoie | Chambéry |
| 74 | Savoie (Hte-) | Annecy |
| 76 | Seine-Maritime | Rouen |
| 79 | Sèvres (Deux-) | Niort |
| 80 | Somme | Amiens |
| 81 | Tarn | Albi |
| 82 | Tarn-et-Gar. | Montauban |
| 83 | Var | Toulon |
| 84 | Vaucluse | Avignon |
| 85 | Vendée | La Roche/Yon |
| 86 | Vienne | Poitiers |
| 87 | Vienne (Haute-) | Limoges |
| 88 | Vosges | Épinal |
| 89 | Yonne | Auxerre |
| 90 | Belfort (Territoire de) | Belfort |

**RÉGION PARISIENNE**

| | | |
|---|---|---|
| 75 | Paris (Ville de) | |
| 77 | Seine-et-Marne | Melun |
| 78 | Yvelines | Versailles |
| 91 | Essonne | Évry |
| 92 | Hauts-de-Seine | Nanterre |
| 93 | Seine-St-Denis | Bobigny |
| 94 | Val-de-Marne | Créteil |
| 95 | Val-d'Oise | Pontoise |

**OUTRE-MER**

| | | |
|---|---|---|
| 971 | Guadeloupe | Basse-Terre |
| 972 | Martinique | Fort-de-France |
| 973 | Guyane | Cayenne |
| 974 | Réunion | St-Denis |

# LA DIVISION DE LA FRANCE MÉTROPOLITAINE EN DÉPARTEMENTS

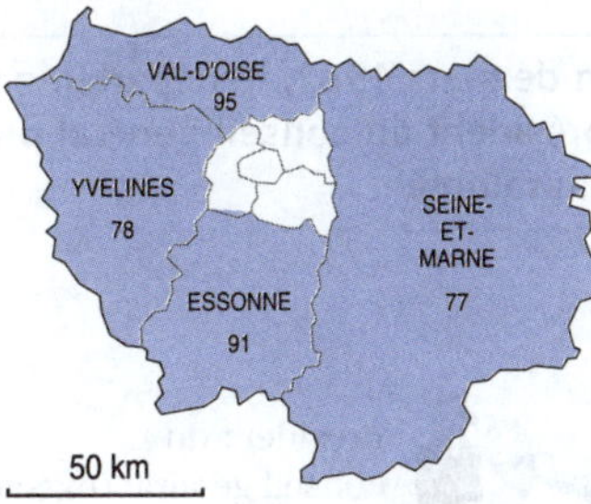


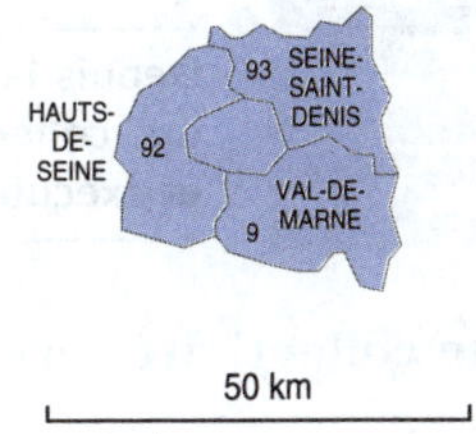


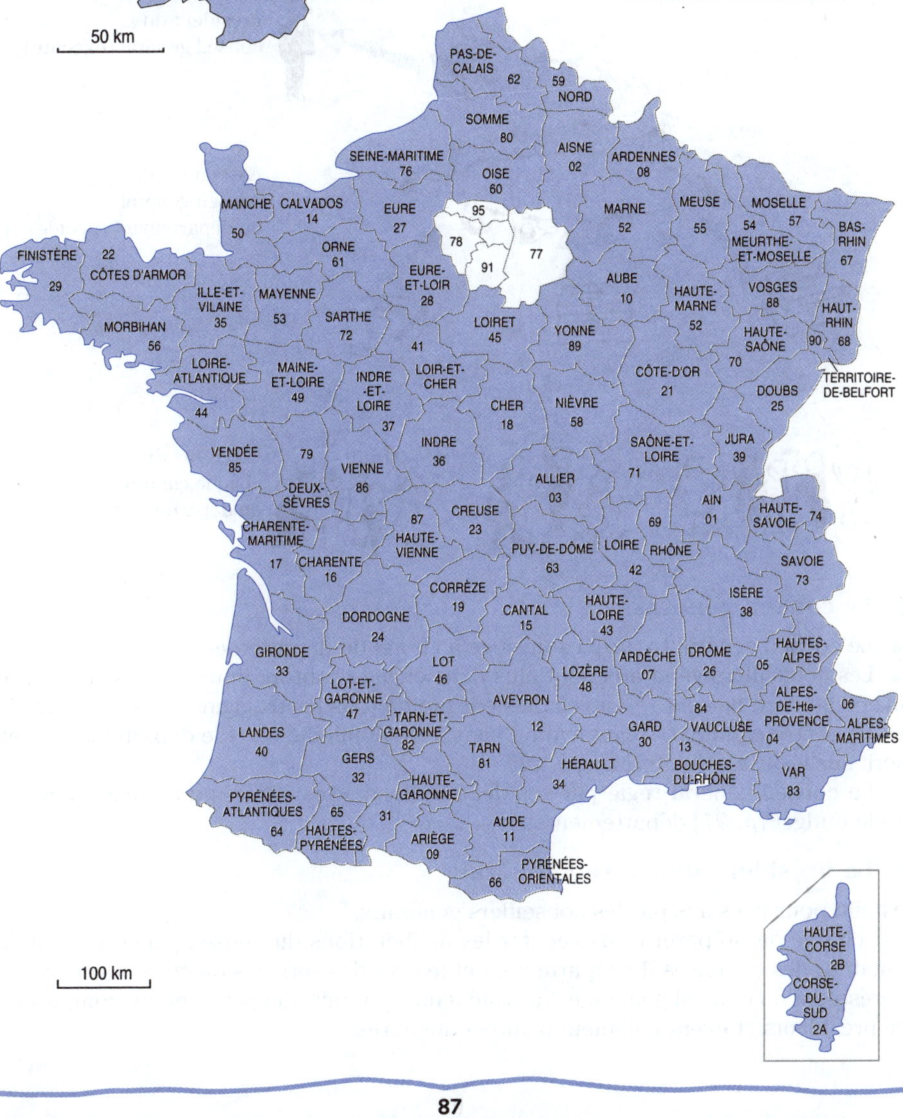

# L'organisation d'un conseil général

**Depuis la loi de décentralisation de mars 1982, le département est une collectivité territoriale. Le président du conseil général prépare et exécute les décisions de son assemblée.**

## Une collectivité territoriale

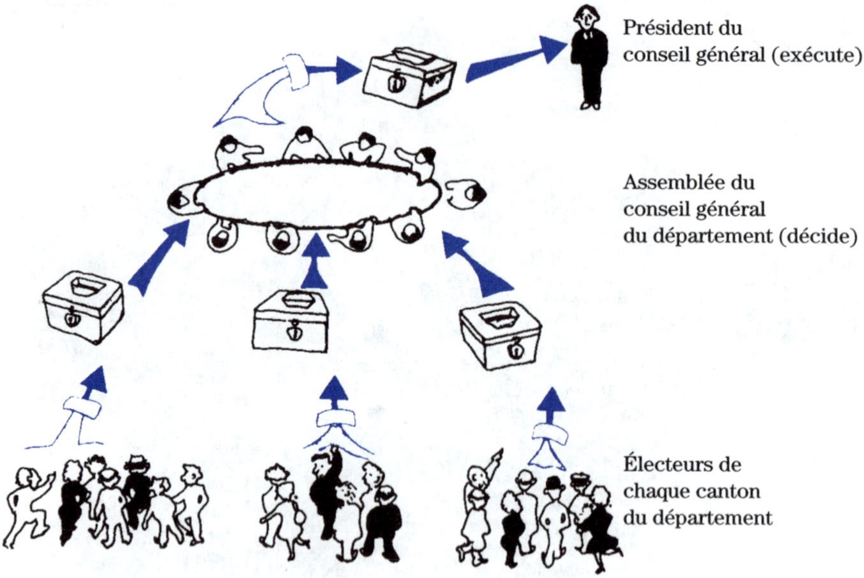


## Le conseil général

- Le conseil général [p. 90] a son siège à l'hôtel du département.
- Les conseillers généraux sont élus dans chaque canton, pour six ans, au suffrage universel direct. Ils sont renouvelables par moitié tous les trois ans, et sont rééligibles.
- Pour être candidat, il faut avoir 18 ans, être domicilié dans le département et être inscrit sur les listes électorales *[p. 21]*.
- Le conseil général règle par ses délibérations « les affaires du département ». Il vote le budget [p. 91] départemental.

## Le président du conseil général

Il est élu pour trois ans par les conseillers généraux.
Il est chargé de préparer et d'exécuter les délibérations du conseil général. Il est l'ordonnateur des dépenses du département et le chef des services du conseil général.
Le président du conseil général est assisté d'une commission permanente composée de vice-présidents et éventuellement d'autres membres.

# LE CONSEIL GÉNÉRAL, COMMISSIONS ET SERVICES

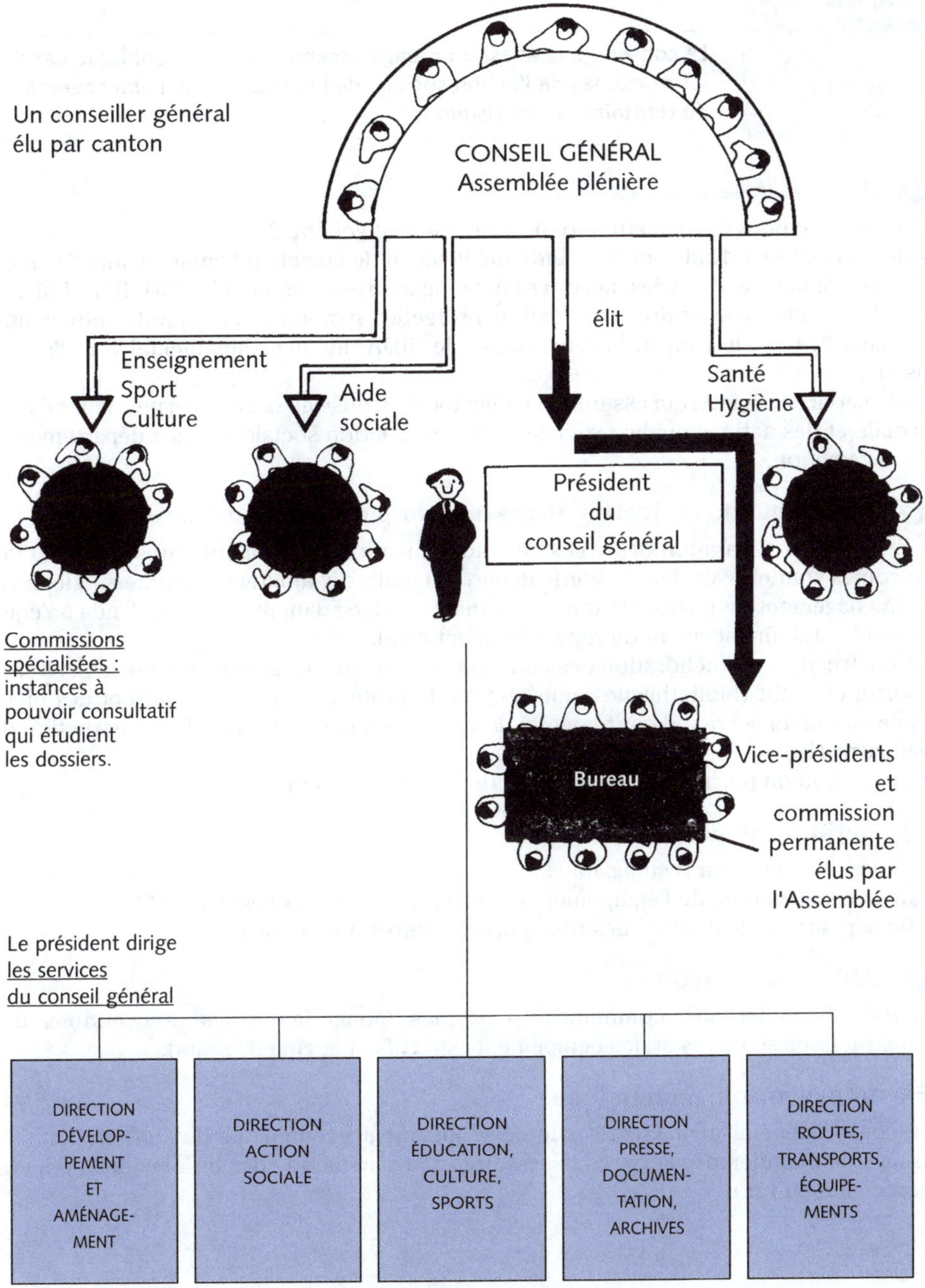

# Les compétences du conseil général

**Le conseil général est un rouage essentiel de la vie publique dans les domaines de l'action sociale, de l'éducation, de l'aménagement du territoire, du tourisme…**

## Aide sociale et santé

Quel service pouvez-vous attendre de votre conseil général ?

- des prestations d'aide sociale : aide médicale, aide sociale à l'enfance, aux familles, aux personnes handicapées, âgées (APA)ou défavorisées et, depuis 2004, RMI, RMA ;
- de la prévention sanitaire : vaccination, protection maternelle et infantile, lutte contre certains fléaux : le cancer, la tuberculose, le SIDA, les maladies mentales et l'alcoolisme ;
- des services sociaux qui assurent, au plan local, la mise en œuvre des politiques d'aide sociale et des actions médico-sociales (service d'action sociale, service départemental de vaccination…).

## Équipements collectifs et gestion du patrimoine départemental

- Entretien et réparation des voies de communication en infrastructures : 350 000 km de routes sont classés dans la voirie départementale. S'y ajoutent les routes nationales.
- Aménagement du territoire rural : ex. : mise en place d'un programme d'aide à l'équipement rural, financement du remembrement rural.
- Construction et amélioration des bâtiments administratifs à caractère social, culturel, sportif, éducatif (bibliothèques, musées) ou de protection des personnes et des biens (subvention au service départemental de protection contre l'incendie, construction de gendarmeries).
- Promotion du tourisme et sauvegarde de l'environnement.

## Actions éducatives

Le conseil général est responsable :

- de la construction, de l'équipement et de l'entretien des collèges [*p. 76*] ;
- de la politique de gratuité des transports scolaires non urbains.

## Aide aux communes

Soutien financier aux communes [*p. 92*] les moins favorisées (subventions des constructions scolaires et des équipements sportifs et socio-éducatifs).

## Intervention économique

Le conseil général peut favoriser le développement économique de son territoire, et assurer le maintien des services nécessaires à la satisfaction des besoins de la population en milieu rural.

# Le budget du département

Le budget traduit les grandes priorités votées par le Conseil Général.

## Où va l'argent ? Les dépenses

**La famille et la solidarité**
Aide sociale à l'enfance, aux handicapés, aux personnes âgées (APA). Protection maternelle et infantile. Logement social. RMI (Revenu minimum d'insertion) et RMA (revenu minimum d'activité).

**Aménagement du territoire**

Routes départementales. Patrimoine départemental (préfecture, gendarmerie...). Service départemental d'incendie et de secours.
Janvier 2006 : début du transfert des routes nationales aux départements.

**Développement économique agricole, maritime et touristique**
Zones d'activité, aide à l'agriculture, aménagement rural, équipements touristiques.

**Éducation et sports**

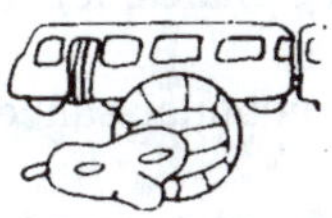

- Construction et entretien des collèges.
- Équipements sportifs et culturels.
- Transports scolaires.

**Environnement et développement durable**

Plantations, acquisition d'espaces verts, tourisme.
Eau, assainissement.

**Les dépenses d'administration**
Frais de personnel, fonctionnement des services (matériel, fournitures, ...).

**Remboursement des emprunts**

## D'où vient l'argent ? Les recettes

**Participation de l'État et transfert de ressources au titre de la décentralisation**
L'État effectue plusieurs dotations pour aider chaque département.

**Fiscalité indirecte**

- Droits d'enregistrement.
- Taxes espaces verts, d'urbanisme et d'environnement.

**Fiscalité directe**

Ce sont des cotisations prélevées sur les impôts locaux (taux d'habitation, foncier bâti et non bâti, taxe professionnelle) au profit du département.

**Emprunts effectués**

> Les dépenses d'aide sociale et d'accompagnement des personnes les plus fragiles représentent plus de la moitié des dépenses de fonctionnement des départements.

# La commune

**La commune est la plus petite division administrative française. C'est une collectivité territoriale qui est gérée par des représentants élus. Un conseil municipal gère par ses délibérations les affaires de la commune. Le maire, élu par les membres du conseil municipal, en son sein, exécute les délibérations.**

## Une collectivité territoriale

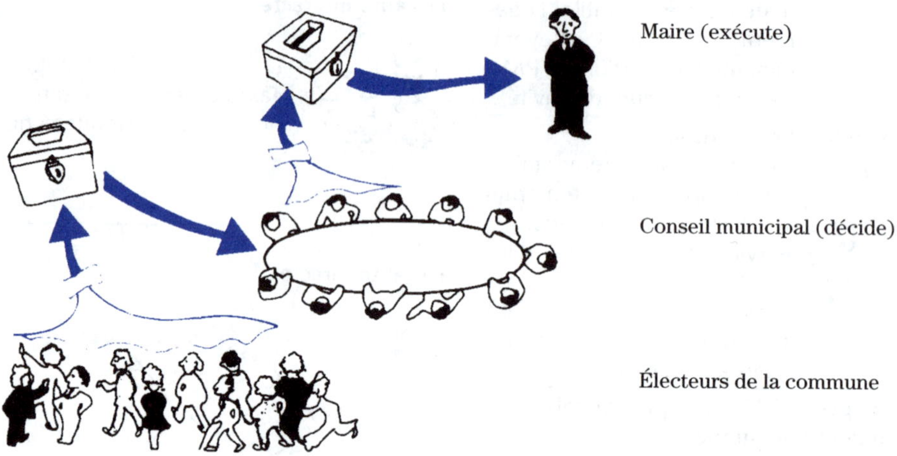


## Quels services pouvez-vous attendre de votre mairie ?

- *Élections* : inscription sur les listes électorales. La liste des électeurs est valable pour toutes les élections [*p. 20*] politiques (municipales, cantonales, régionales, législatives, européennes, présidentielles) ;
- *Les services de l'état civil* : déclaration de naissance, de décès, de reconnaissance d'enfant naturel ;
- *Les services sociaux dans chaque commune* : le centre communal d'action sociale gère l'ensemble des formes d'actions sociales mises en place par la commune, en accord avec les organismes institutionnels (DDASS, CAF et CPA maladie) : aide sociale à l'enfance, aux personnes âgées, aide médicale, aide en nature…
- *Les services de l'urbanisme et du logement* : la notion de « carte communale » est réformée. Elle a vocation à remplacer les PLU (ex-POS, plan d'occupation des sols) pour les plus petites communes, dont les maires pourront ainsi, comme dans celles dotées d'un PLU, délivrer des permis de construire si elles le souhaitent.
- *Des informations* par voie d'affichage ou par la consultation de documents (procès-verbaux du conseil municipal, *Journal officiel*…).

# L'ORGANISATION D'UNE COMMUNE

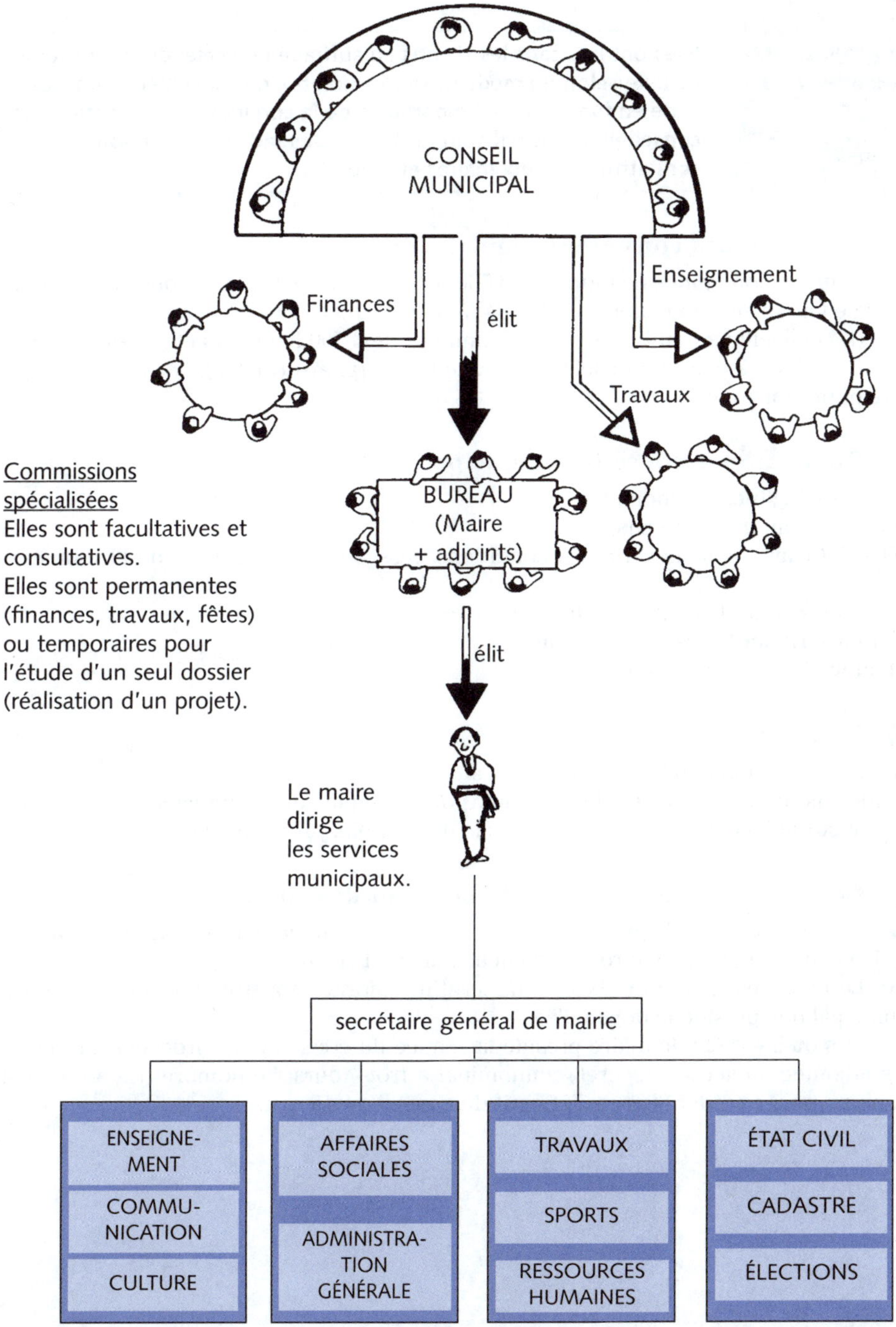

# Les élections municipales

**Elles ont lieu tous les six ans au suffrage universel direct, au scrutin de liste selon un mode mixte. Le nombre de conseillers municipaux varie en fonction de l'importance de la commune. Les fonctions de conseiller municipal sont gratuites. Des indemnités de fonctions sont attribuées aux maires et adjoints.**

## L'élection des conseillers municipaux

- Pour les communes de moins de 3 500 habitants, l'élection des conseillers municipaux se fait au scrutin majoritaire [*p. 24*] à deux tours.
- Les conseillers municipaux des communes de 3 500 habitants et plus sont élus au scrutin de liste à deux tours selon un mode mixte [*p. 28*] (mélange de scrutin majoritaire et proportionnel).

## Qui peut être conseiller municipal ?

Pour être éligible, le candidat :
- doit avoir au moins 18 ans,
- être français ou, sous certaines conditions, ressortissant d'un pays de l'Union européenne,
- jouir de ses droits civils et politiques,
- être inscrit sur les listes électorales.

Il faut avoir 18 ans pour être maire.

## La durée du mandat

Un conseiller municipal est élu pour six ans.
Si un siège de conseiller devient vacant, pour quelque cause que ce soit, le candidat, venant sur la liste immédiatement après le dernier élu, prend la place.

## Comment se fait l'élection du maire et des adjoints ?

- Elle se fait lors de la première réunion du conseil municipal qui doit se tenir au plus tôt le vendredi et au plus tard le dimanche suivant l'élection.
- Le maire est élu pour six ans au scrutin majoritaire à trois tours par le conseil municipal que préside le doyen d'âge.
- Dès qu'il est élu, le maire préside la séance du conseil pour procéder à l'élection des adjoints, au scrutin (secret) uninominal à trois tours. Le nombre des adjoints au maire ne peut excéder 30 % de l'effectif du conseil municipal.

# COMBIEN DE CONSEILLERS MUNICIPAUX ?

Le nombre des conseillers municipaux varie en fonction de l'importance de la population de la commune.

| Nombre de conseillers par commune | |
|---|---|
| Population de la commune | Nombre de conseillers |
| Moins de 100 habitants . | 9 |
| 100 à 499 . . . . . . . . . . . . | 11 |
| 500 à 1 499 . . . . . . . . . . | 15 |
| 1 500 à 2 499 . . . . . . . . | 19 |
| 2 500 à 3 499 . . . . . . . . | 23 |
| 3 500 à 4 999 . . . . . . . . | 27 |
| 5 000 à 9 999 . . . . . . . . | 29 |
| 10 000 à 19 999 . . . . . . | 33 |
| 20 000 à 29 999 . . . . . . | 35 |
| 30 000 à 39 999 . . . . . . | 39 |
| 40 000 à 49 999 . . . . . . | 43 |
| 50 000 à 59 999 . . . . . . | 45 |
| 60 000 à 79 999 . . . . . . | 49 |
| 80 000 à 99 999 . . . . . . | 53 |
| 100 000 à 149 999 . . . . | 55 |
| 150 000 à 199 999 . . . . | 59 |
| 200 000 à 249 999 . . . . | 61 |
| 250 000 à 299 999 . . . . | 65 |
| 300 000 et plus . . . . . . . | 69 |
| Lyon . . . . . . . . . . . . . . . | 73 |
| Marseille . . . . . . . . . . . . | 101 |
| Paris . . . . . . . . . . . . . . . | 163 |

La commune de Paris est administrée par un Conseil de Paris [*p. 102*]. Celles de Lyon et de Marseille par un conseil municipal. Elles sont toutes soumises aux mêmes règles de fonctionnement que les autres communes. Il existe 36 677 communes, ce qui fait, proportionnellement à la population, trois fois plus qu'en Italie, en Espagne ou en République fédérale d'Allemagne.
Les communes de moins de 10 000 habitants représentent 98 % des communes et 48 % de la population française.

## Les délégations

Le maire est seul chargé de l'administration de la commune mais il peut se faire aider par ses adjoints, par des conseillers municipaux et par ses collaborateurs. Les délégations sont accordées par le maire aux adjoints de son choix, par un arrêté qui doit préciser la nature et les limites des fonctions déléguées. Le maire n'a pas le droit de déléguer une partie de ses fonctions à un conseiller municipal quand il existe un adjoint qui peut s'en acquitter.

## Les signes distinctifs pour symboliser l'autorité du maire

- L'écharpe tricolore (bleu, blanc, rouge) doit se porter dans les cérémonies publiques, soit à la ceinture, soit de l'épaule droite au côté gauche.
- L'insigne officiel : son usage est facultatif.

## Les conditions d'exercice des mandats locaux

La loi du 3 février 1992 précise les garanties accordées aux conseillers municipaux dans l'exercice de leur mandat et dans leur activité professionnelle ainsi que leurs droits à une formation. Le même texte détermine les indemnités de fonction et la retraite des élus.

## Les conseils municipaux d'enfants

Pour sensibiliser les jeunes à la vie publique, certaines communes procèdent à l'élection dans les écoles d'un conseil municipal des jeunes. Ils élisent en leur sein un « maire » et ils siègent régulièrement à l'hôtel de ville de leur commune.

# Le maire et son conseil municipal

**Il peut intervenir à l'égard de toutes les affaires communales dans le cadre de la législation existante. Son pouvoir de décision est matérialisé par des délibérations qui s'imposent à tous.**

## Le maire

- Le maire représente la commune auprès des administrés et des pouvoirs publics. Il exécute les décisions du conseil municipal, il possède l'autorité de police municipale et il est le représentant de l'État dans la commune.
- Il est aidé par des adjoints au maire qui peuvent le remplacer en cas d'empêchement, ou exercer, par délégation, certaines fonctions.

## Le maire : un agent exécutif du conseil municipal

Il convoque le conseil municipal, dont il est le président. Il prépare et exécute les décisions du conseil municipal. Ordonnateur de la commune, il est chargé de l'exécution du budget [*p. 99*] : paiement des dépenses engagées et encaissement des recettes.
Il représente la commune, par délégation du conseil municipal. Par exemple, pour la signature des contrats.

## Le maire : un magistrat municipal

- Il assure la police municipale et la police rurale pour garantir le bon ordre, la sécurité et la salubrité publique. Les agents de la police municipale et les gardes champêtres (police rurale) sont chargés d'assurer sur le territoire de la commune les arrêtés de police du maire (par exemple, pour la réglementation de la circulation ou du stationnement sur les voies).
- Il recrute le personnel communal et il est responsable de l'organisation des services municipaux.
- Il délivre les permis de construire lorsqu'un plan d'occupation des sols (POS) a été approuvé.

## Le maire : un représentant de l'État

Il est chargé, sous l'autorité du préfet :
– d'assurer la publication des lois et règlements [*p. 50*] de la République ;
– de participer à certaines opérations administratives : révision des listes électorales, recensement de la population, établissement des listes de conscription, organisation des élections ;
– d'exercer les fonctions d'officier d'état civil (tenue des registres d'état civil et célébration des mariages) ;
– d'exercer les fonctions d'officier de police judiciaire. Il constate les contraventions en dressant un procès-verbal.

# LE RÔLE D'UN CONSEIL MUNICIPAL

Le conseil municipal règle par ses délibérations les affaires de la commune et vote le budget nécessaire au financement de l'ensemble des actions décidées. Il se réunit au moins quatre fois par an à la mairie. Les séances sont publiques.

## L'organisation des services publics gratuits

– Services administratifs obligatoires pour l'état civil, les listes électorales, les élections, le recensement pour la journée d'appel de préparation à la défense… ;

– aides sociale et médicale, aux personnes âgées, aux demandeurs d'emploi, aide au logement, administrées par un centre communal d'aide sociale ;

– entretien de la voirie communale ;

– action éducative (construction, entretien, équipement des écoles, classes de nature…) ;

– service de police municipale (10 000 policiers pour 2 900 communes).

## La création des services publics payants

Ils sont financés par les usagers. La gestion autonome de chaque service est assurée, sous le contrôle du conseil municipal, par des agents territoriaux et une régie municipale :

– l'hygiène et l'environnement (pompes funèbres, distribution en eau potable, service d'assainissement, collecte des ordures ménagères… ) ;

– la production et la distribution de l'énergie (électricité, gaz, chaleur…) ;

– les équipements collectifs : crèches, cantines, piscines, bibliothèques, musées, centres de loisirs… ;

– les transports publics d'intérêt local, les parcs de stationnement… ;

– les activités économiques (halles, marchés, abattoirs, réseaux câblés…).

## L'aménagement du domaine public

La commune accroît ses compétences dans les domaines du logement social (zones d'aménagement concerté, ZAC), du développement industriel (zones industrielles), de la protection du patrimoine architectural, de l'environnement et de l'urbanisme (plan d'occupation des sols, délivrance des permis de construire ou de détruire…).

## La gestion du domaine privé de la commune

Il s'agit de la bonne utilisation et de la conservation des biens immobiliers appartenant à la commune (perception des revenus de location des propriétés, terres, forêts, immeubles ; assurance et entretien des bâtiments communaux…).

## Le développement économique

Pour aménager l'espace et développer l'économie locale, le conseil municipal peut aider certaines entreprises à se créer ou à maintenir des services nécessaires.

## La réalisation de manifestations

Exemple : foires, expositions, concerts, festivals, subventions aux associations sportives et culturelles…

## Le rôle de représentation

Le conseil désigne ses représentants dans les différents organismes extérieurs (commissions locales ou départementales diverses, communautés de villes, communauté urbaine, par exemple).

## Le référendum local (loi organique du 1er août 2003)

Le conseil municipal peut soumettre à référendum local tout projet de délibération dans la limite de ses compétences.

# Budget et impôts locaux

**Le budget d'une commune est la traduction financière de la politique poursuivie par le conseil municipal. Les dépenses doivent être globalement couvertes par les recettes. Il en résulte que cet équilibre est souvent réalisé par une augmentation des impôts locaux.**

## Les différentes étapes de l'année budgétaire

Le budget de la commune est voté en trois étapes.

*Le budget primitif* (en janvier ou février)
Voté en début d'année, il donne les principales orientations de l'action du conseil municipal pour l'année. Il fixe le taux des impôts locaux qui seront perçus pour financer les dépenses.

*Le compte administratif* (à partir d'avril jusqu'en octobre)
C'est le compte rendu de la gestion budgétaire de l'année précédente. On s'aperçoit parfois que cette gestion a pu dégager des économies.

*Le budget supplémentaire* (aussitôt après le compte administratif)
Il est voté en cours d'année pour réajuster les prévisions initiales. Chaque budget distingue deux parties :
– la section de fonctionnement qui présente les recettes et les dépenses courantes des services municipaux,
– la section d'investissement qui concerne les opérations qui augmentent ou diminuent le patrimoine communal (acquisitions mobilier, d'immeubles…).

## Les quatre impôts locaux. Qui est imposable ?

*La taxe foncière sur les propriétés bâties* : impôt versé par le propriétaire d'un immeuble.

*La taxe foncière sur les propriétés non bâties* : impôt versé par le propriétaire de terres et terrains de toute nature.

*La taxe d'habitation* : impôt payé par le propriétaire ou le locataire d'une habitation meublée.

*La taxe professionnelle* : impôt payé par les personnes physiques ou morales exerçant une activité professionnelle non salariée (commerçants, industriels, artisans…).

En payant ces quatre impôts directs locaux, on participe en même temps au financement des budgets de la commune, de la communauté urbaine [*p. 100*] (ou du district), du département, de la région.

Les taux d'imposition sont variables d'une commune à une autre et peuvent changer chaque année. Instituées sous la Révolution, les taxes sont également appelées les « quatre vieilles ».

# LE BUDGET DE LA COMMUNE

## Où va l'argent ? Les dépenses

**Frais de personnel**
- Traitements
- Indemnités
- Charges sociales

**Indemnités des maires et des adjoints**

**Services publics communaux**
- État civil, pompes funèbres, lutte contre l'incendie.
- Enlèvement des ordures ménagères.
- Construction et fonctionnement des écoles.
- Culture, loisirs, sports.

**Participations et subventions**
- Charges obligatoires relatives au fonctionnement des services intercommunaux (ex. : districts, communauté urbaine...).
- Subventions versées aux associations (comité des fêtes, groupes sportifs, etc.).
- Voirie : éclairage, espaces verts.

**Autres dépenses**
Denrées, fournitures, services extérieurs.

**Dépenses d'équipement**
- Achat de biens meubles et immeubles.
- Travaux divers.
- Équipements sportifs et culturels.

**Remboursement des emprunts**

## D'où vient l'argent ? Les recettes

**Produits d'exploitation et domaniaux relatifs aux services rendus aux usagers**
Crèches, piscines, cantines, colonies.

**Dotation globale de fonctionnement versée par l'État**

**Recettes fiscales**
- Les quatre impôts directs locaux.
- Diverses taxes : taxe d'enlèvement des ordures ménagères, taxe de balayage, taxe de séjour, etc.

**Subventions reçues**

**Autres recettes**
Ex : ventes de biens communaux.

**Emprunts**
Les communes ont très souvent recours aux emprunts pour financer leurs investissements. Contrairement au budget de l'État, le budget de la commune doit être présenté en équilibre réel.

### 15 janvier 2004 : lancement du recensement annuel de la population

Le recensement sera désormais annuel mais tous les habitants ne sont pas recensés la même année. 18 000 agents recenseurs enquêtent auprès de 8,5 millions de personnes vivant en France ou en outre-mer.

# Les différentes structures intercommunales

**La coopération des collectivités territoriales permet de gérer en commun des équipements ou des services publics pour assurer un développement équilibré d'une zone géographique.**

Différents types de structures intercommunales peuvent exister en fonction de l'importance des collectivités territoriales et des projets communs à réaliser. Ces Établissements Publics de Coopération Intercommunale (EPCI) ont une personnalité morale et une autonomie financière.

## Sous la forme associative : les syndicats de communes

Le financement est assuré par les participations obligatoires des communes adhérentes.

- Les syndicats intercommunaux à vocation unique (SIVU).
- Les syndicats intercommunaux à vocation multiple (SIVOM).
- Les syndicats mixtes : des communes s'associent à un département, une région.

## Sous la forme fédérative : la coopération intercommunale

Le financement provient d'une fiscalité additionnelle ou d'une taxe professionnelle unique.

- *Communautés urbaines* (au-dessus de 500 000 habitants) : elles exercent des compétences dans les domaines de l'aménagement de l'espace, du développement économique et de la réalisation des principaux équipements urbains. Il en existe 14 en France : Arras, Alençon, Bordeaux, Brest, Cherbourg, Le Creusot, Dunkerque, Lille, Lyon, Le Mans, Marseille, Nancy, Nantes et Strasbourg.
- *Communautés d'agglomération* : établissement public intercommunal qui regroupe plusieurs communes de plus de 50 000 habitants autour d'une ville-centre de 15 000 habitants. Quatre compétences sont obligatoires : développement économique, aménagement de l'espace communautaire, équilibre social de l'habitat, politique de la ville.
- *Communautés de communes* (pas de seuil démographique) : elles assurent des actions d'aménagement de l'espace et de développement économique. Elles incitent à adopter la taxe professionnelle unique (TPU).

## La loi solidarité et renouvellement urbain

- Les POS (plans d'occupation des sols) transformés en PLU (plans locaux d'urbanisme) doivent assurer la mixité sociale.
- Les S.CO.T : les agglomérations sont encouragées à se doter d'un Schéma de cohérence territoriale.

# Une communauté urbaine : le Grand Lyon

Créée par la loi du 31 décembre 1966, la communauté urbaine de Lyon, appelée « le Grand Lyon », rassemble 55 communes et 1 152 000 habitants sur un territoire de 50 000 hectares.

**Les 55 communes du Grand Lyon**

## Compétences

Les domaines d'intervention de la communauté urbaine sont :

- *l'urbanisme*. Schéma directeur de l'agglomération lyonnaise. Plans d'occupation des sols. Chartes intercommunales de développement et d'aménagement. Création et équipement de zones industrielles, artisanales et d'habitat ;
- *le logement*. Politique de logement intégrant des logements sociaux à des programmes privés ;
- *les équipements publics*. Voirie et signalisation, parcs de stationnement. Sécurité civile et environnement, collecte et traitement des déchets urbains, transports urbains de voyageurs, abattoirs et marchés d'intérêt national, création et extension de cimetières ;
- *la gestion de certains services publics*. Service de lutte contre l'incendie, service des transports urbains de voyageurs, propreté, eau et assainissement.

En 2005, 32 308 communes sont regroupées en 2 524 groupements intercommunaux représentant 84 % de la population et 88 % des communes.

# L'organisation administrative de Paris

**Paris est la capitale d'un État fortement centralisé. Au dernier recensement 2005, la population totale de Paris était de 2 144 700 habitants, celle de la région Île-de-France 11 362 000 habitants.**

## Le statut de Paris : une commune et un département

Le territoire de Paris recouvre deux collectivités territoriales : la commune de Paris et le département de Paris.
La loi du 31 décembre 1975 a fait de Paris une commune [*p. 92*], dont l'organisation est régie pour l'essentiel par le Code des communes.

## Le maire

- La commune de Paris est administrée par un maire et un conseil municipal [*p. 96*] — dénommé Conseil de Paris — composé de 163 élus, conseillers de Paris. L'élection des conseillers de Paris se déroule dans le cadre du secteur électoral, chaque secteur représentant un arrondissement. Il y a 20 arrondissements à Paris.
- Le maire est élu par les conseillers de Paris pour six ans.
Il ne peut pas être président du conseil régional d'Ile-de-France, mais il peut être membre du gouvernement.
- Il n'est pas responsable de la police municipale qui revient au préfet de police, haut fonctionnaire nommé par l'État.

## Le Conseil de Paris

Une même assemblée, « le Conseil de Paris », siège :
- soit en formation de conseil municipal [*p. 96*], présidée par le maire de Paris ;
- soit en formation de conseil général [*p. 88*], dont le maire de Paris est président.

## Les conseils d'arrondissement

- La loi du 31 décembre 1982 a institué pour les communes de Paris, Marseille et Lyon de nouvelles structures élues à l'échelon local : le conseil d'arrondissement et le maire d'arrondissement.
- Les élus de Paris sont au nombre de 517 : 163 conseillers de Paris, 354 conseillers d'arrondissement.
- Le conseil d'arrondissement est présidé par un maire d'arrondissement, élu parmi les membres du conseil municipal.

# LES VINGT ARRONDISSEMENTS DE PARIS

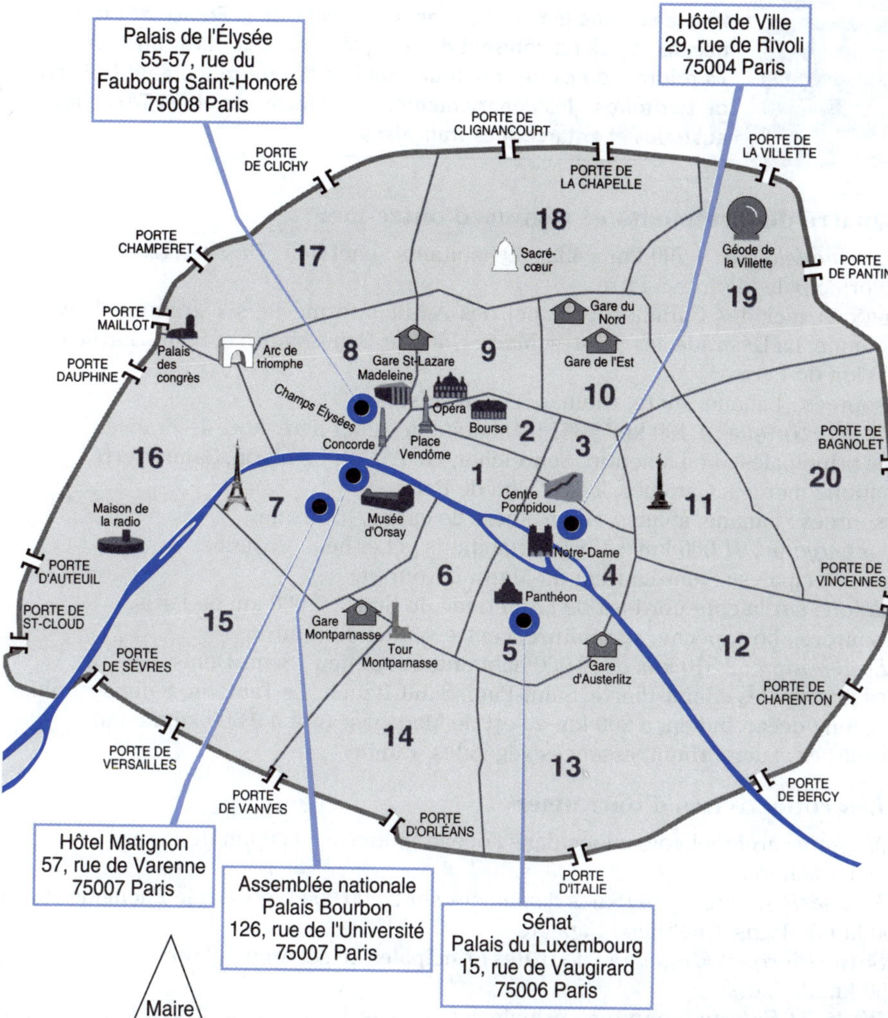


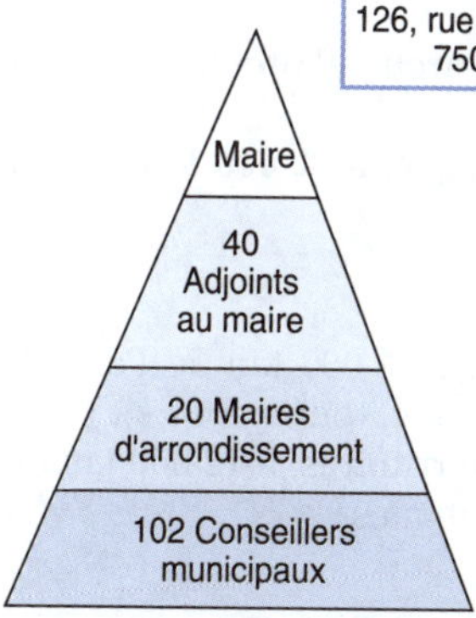


**Le conseil de Paris**

## Les rues de Paris

- La rue la plus longue : rue de Vaugirard : 4 360 m.
- La plus courte : rue des Degrés : 5,75 m.
- La plus large : avenue Foch : 120 m.
- La plus étroite : rue du Chat-qui-Pêche : 2,50 m.

# L'outre-mer

**L'outre-mer joue un grand rôle dans l'affirmation de la présence française dans le monde. C'est la richesse de la France des trois océans, où se rencontrent des peuples et des cultures différentes. La réforme du cadre constitutionnel de l'outre-mer établit trois types de territoires : les départements, les collectivités et les TAAF (terres australes et antarctiques françaises).**

## Quatre départements et régions d'outre-mer

*La Guadeloupe* : 1 700 km$^2$ ; 422 000 habitants ; chef-lieu : Basse-Terre.
– Ville principale : Pointe-à-Pitre.
– Situation : mer des Caraïbes, archipel des Antilles formé de six groupes d'îles (La Guadeloupe, La Désirade, les Saintes, Marie-Galante, Saint-Martin et Saint-Barthélemy), à 6 800 km de Paris.
– Ressources : banane, sucre, rhum, pêche, tourisme.

*La Martinique* : 1 100 km$^2$ ; 381 000 habitants ; chef-lieu : Fort-de-France.
– Villes principales : Le Lamentin, Schœlcher, La Trinité, Le Marin, Saint-Pierre.
– Situation : mer des Caraïbes, à 6 850 km de Paris.
– Ressources : banane, ananas, rhum, sucre de canne, tourisme.

*La Guyane* : 91 000 km$^2$ ; 178 000 habitants ; chef-lieu : Cayenne.
– Villes principales : Saint-Laurent-du-Maroni, Kourou.
– Situation : sur la côte nord-est de l'Amérique du Sud, à 7 000 km de Paris.
– Ressources : bois, pêche, agriculture, centre spatial de Kourou.

*La Réunion* : 2 510 km$^2$ ; 760 000 habitants ; chef-lieu : Saint-Denis.
– Villes principales : Saint-Pierre, Saint-Paul, Saint-Benoît, Le Tampon, Saint-Joseph.
– Situation : océan Indien, à 800 km à l'est de Madagascar et à 9 300 km de Paris.
– Ressources : sucre, rhum, essences végétales, vanille.

## Les collectivités d'outre-mer

*Mayotte* : archipel volcanique dans l'océan Indien, à 8 000 km de Paris. Chef-lieu : Mamoudzou.

*Polynésie française* : 118 îles dispersées sur 2 500 000 km$^2$ dans le Pacifique sud, à 16 000 km de Paris. Chef lieu : Papeete.

*Saint-Pierre-et-Miquelon* : deux îles principales de cet archipel proche du Canada, à 4 600 km de Paris.

*Wallis-et-Futuna* : deux îles principales dans le Pacifique, à 22 000 km de Paris. Chef-lieu : Mata-Utu dans l'île de Wallis.

## Deux territoires spécifiques

*La Nouvelle-Calédonie* : située dans le Pacifique sud, à 18 000 km de Paris. L'île principale de l'archipel est la Grande Terre. Ressources : nickel, tourisme.

*Les terres australes et antarctiques françaises* : ces territoires, à 12 000 km de la métropole, accueillent régulièrement des équipes de scientifiques.

# L'OUTRE-MER FRANÇAIS

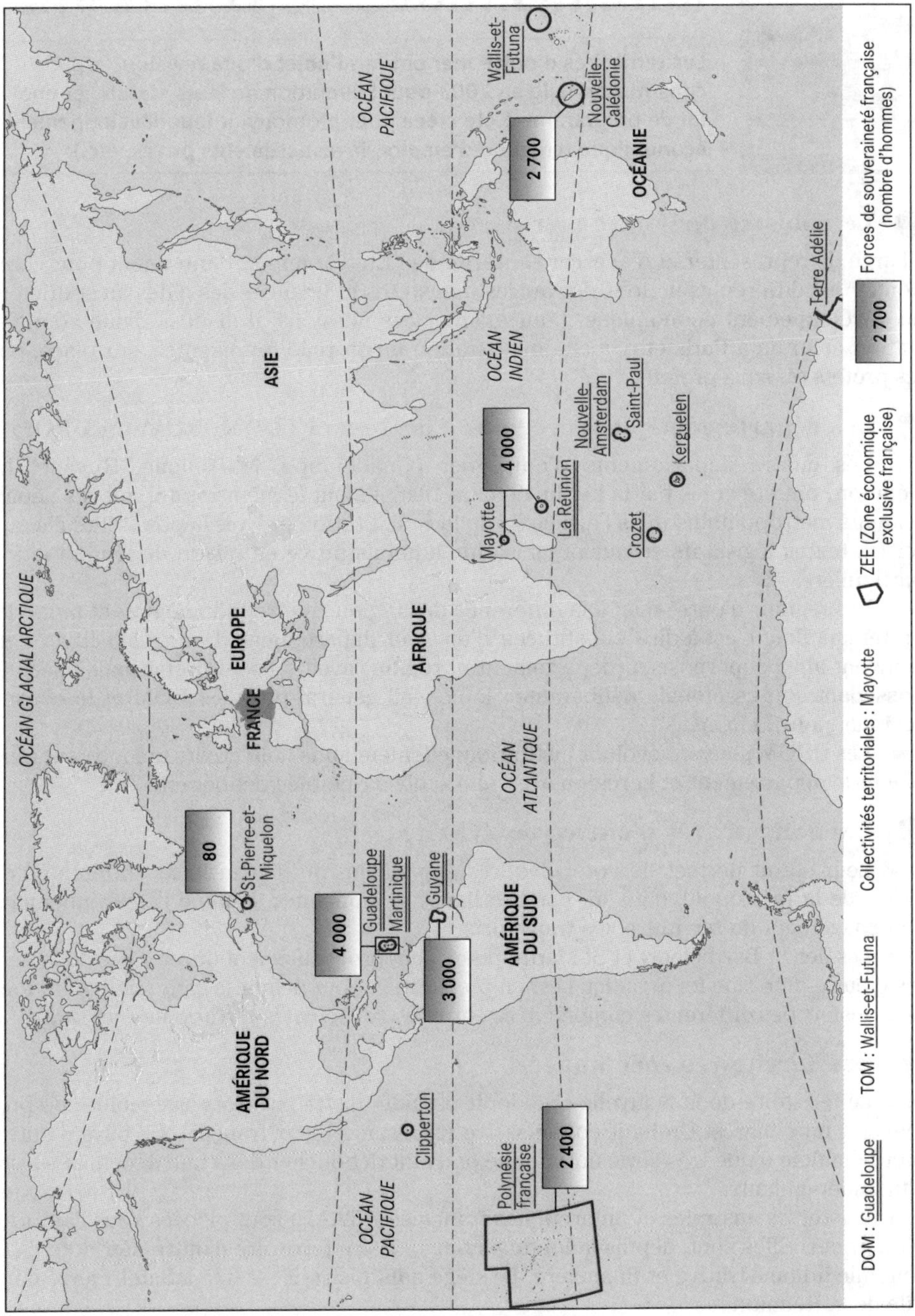

# L'organisation administrative de l'outre-mer

**Les territoires d'outre-mer ont fait l'objet d'une révision constitutionnelle en 2003 pour l'évolution de leurs statuts, et une loi de programme à été créée pour promouvoir leur développement économique (création d'emploi, investissements privés, etc.).**

## Le ministre de l'outre-mer

Chargé de représenter et d'exercer l'autorité de l'État, le ministre intervient pour coordonner les différentes actions des autres ministères et financer des aides au soutien et au développement économique. Pour exercer ces missions, il dispose d'une administration centrale à Paris et d'une administration territoriale représentée, sur place, par les préfets ou sous-préfets.

## Les départements et les régions d'outre-mer (DOM, ROM ou DROM)

- Les quatre départements d'outre-mer (Guadeloupe, Martinique, Guyane, La Réunion) ont été créés par la loi du 19 mars 1946. Ils ont le même statut que les départements métropolitains mais l'article 73 de la Constitution prévoit la possibilité d'adapter les textes législatifs et leur organisation administrative en raison de leur situation particulière.
- Les régions d'outre-mer, à la différence des régions métropolitaines, sont monodépartementales, c'est-à-dire constituées d'un seul département. Deux collectivités se trouvent ainsi superposées (département et région) avec un seul préfet mais chacune possédant son assemblée délibérante : le conseil général pour les DOM et le conseil régional pour la ROM.
- Les DROM peuvent évoluer institutionnellement : une collectivité unique peut remplacer le département et la région avec une seule assemblée délibérante.

## Les collectivités d'outre-mer (COM)

- Leur statut permet de voter des lois applicables au niveau local, différentes de celles de la métropole, dans un nombre limité de domaines, comme l'environnement, l'aménagement du territoire, les transports.
- Les îles St-Barthélemy et St-Martin pourraient prochainement devenir des collectivités d'outre-mer. Une loi organique est en préparation pour définir le cadre des conditions de transfert des différentes compétences entre les collectivités territoriales et l'État.

## Les Territoires spécifiques

- Le territoire de la Nouvelle-Calédonie est administré par trois assemblées de province et un congrès. Un haut commissaire représente l'État français. Ce pays d'outre-mer bénéficie d'une très large autonomie pouvant déboucher dans une décennie sur un État indépendant.
- Les terres australes et antarctiques françaises (TAAF) sont placées sous l'autorité d'un préfet. Elles sont, depuis la loi du 6 août 1955, un territoire d'outre-mer doté d'autonomie administrative et financière. Le siège administratif est fixé à Saint-Pierre dans l'île de la Réunion.

# Les spécificités de l'outre-mer

| | |
|---|---|
| Guadeloupe<br>Martinique<br>Guyane<br>La Réunion | **DROM**<br>Départements et régions d'outre-mer.<br>Superposition de deux structures : région et département. |
| Mayotte<br>Polynésie<br>Saint-Pierre-et-Miquelon<br>Wallis-et-Futuna | **COM**<br>Ces collectivités d'outre-mer ont des statuts très variés disposant d'une certaine autonomie. |
| Nouvelle-Calédonie | **COM**<br>Collectivité d'outre-mer.<br>Statut spécifique pouvant évoluer jusqu'à l'indépendance. |
| Terres australes et antarctiques françaises | **TOM**<br>Territoire d'outre-mer. |

## Unité et diversité statutaire

Malgré la grande diversité de statuts des territoires, les habitants des régions et départements d'outre-mer et des collectivités territoriales sont de nationalité française. L'outre-mer représente 2,3 millions d'habitants et 1,4 million d'électeurs inscrits. Plus de 350 000 personnes nées en outre-mer vivent en métropole.

## Les résultats du référendum

Le référendum organisé le 7 décembre 2003 en outre-mer a donné des résultats contrastés. Le « oui » l'a emporté sur les îles de St-Martin et de St-Barthélemy, jusqu'alors communes de la Guadeloupe. Elles vont devenir des collectivités d'outre-mer à part entière et pourront conserver leurs avantages fiscaux. La Guadeloupe (à 72,98 %) et la Martinique (à 50,48 %) se sont prononcées contre l'évolution proposée par le référendum. Elles resteront gérées par un conseil général et un conseil régional.

## Le franc pacifique (FCFP)

Lié à l'euro, le FCFP est utilisé en Nouvelle-Calédonie, Polynésie et Wallis-et-Futuna (100 FCFP = 0,84 €). Les collectivités d'outre-mer et les territoires d'outre-mer ont le statut de PTOM – pays et territoires d'outre-mer – de l'Union européenne.

## L'outre-mer et l'Union européenne

Les départements d'outre-mer font partie intégrante de l'Union européenne, à la différence d'autres territoires (Mayotte, St-Pierre-et-Miquelon, Nouvelle-Calédonie, Wallis-et-Futuna et Polynésie française). Avec Madère, les Açores (portugaises) et les Canaries (espagnoles), les DOM constituent les sept régions ultrapériphériques de l'Union européenne.

## Quelle heure est-il ? Décalage horaire par rapport à Paris

| Polynésie | Martinique<br>Guadeloupe | Guyane | Paris | Mayotte | La Réunion | Wallis-et-Futuna |
|---|---|---|---|---|---|---|
| – 11 | – 5 | – 4 | Hiver | + 2 | + 3 | + 10 |
| – 12 | – 6 | – 5 | Été | + 1 | + 2 | + 11 |

# Les différents tribunaux

**Les tribunaux veillent à l'application des règles de droit ; placés sous la responsabilité de l'État, ils rendent la justice « au nom du peuple français ». Il existe ainsi de nombreuses juridictions aux compétences différentes.**

## Le Tribunal des conflits

Une affaire complexe dépend-elle des juridictions administratives ou des juridictions judiciaires ? C'est le Tribunal des conflits qui décide quelle est la juridiction compétente.

## Les juridictions administratives

Elles jugent les litiges nés des activités de l'Administration.

- Les tribunaux administratifs jugent en premier ressort.
- Les cours administratives d'appel interviennent en appel de certains jugements des tribunaux administratifs [*p. 113*].
- Le Conseil d'État a un triple rôle [*p. 114*].

## Les juridictions judiciaires pénales

La cour d'assises, le tribunal correctionnel, le tribunal de police [*p. 124, 122 et 120*] répriment et sanctionnent les atteintes à la loi. La gravité de l'infraction détermine le tribunal qui juge.

## Les juridictions judiciaires civiles

- Le tribunal d'instance [*p. 116*] est compétent pour des litiges de moins de 10 000 €.
- Le tribunal de grande instance [*p. 118*] règle les problèmes nés des relations entre individus (immobilier, état civil, divorces, etc.). Le juge aux affaires familiales (instauré par la loi du 8 janvier 1993 et applicable au 10 février 1994) est un magistrat du TGI. Il veille à la sauvegarde des intérêts du mineur. Il règle la gestion de pension alimentaire et peut prononcer seul un divorce.

## Les juridictions civiles spécialisées

Elles sont compétentes au cours de l'activité professionnelle : le conseil de prud'hommes, le tribunal de commerce, le tribunal paritaire des baux ruraux, la commission de la Sécurité sociale, le juge des loyers commerciaux.

## Les juridictions judiciaires de recours

- La cour d'appel [*p. 132*] rejuge lorsqu'une des parties n'est pas satisfaite du jugement.
- La Cour de cassation [*p. 134*] juge la forme du jugement et assure une certaine uniformité dans l'interprétation des lois.

# ORGANISATION SIMPLIFIÉE DES TRIBUNAUX

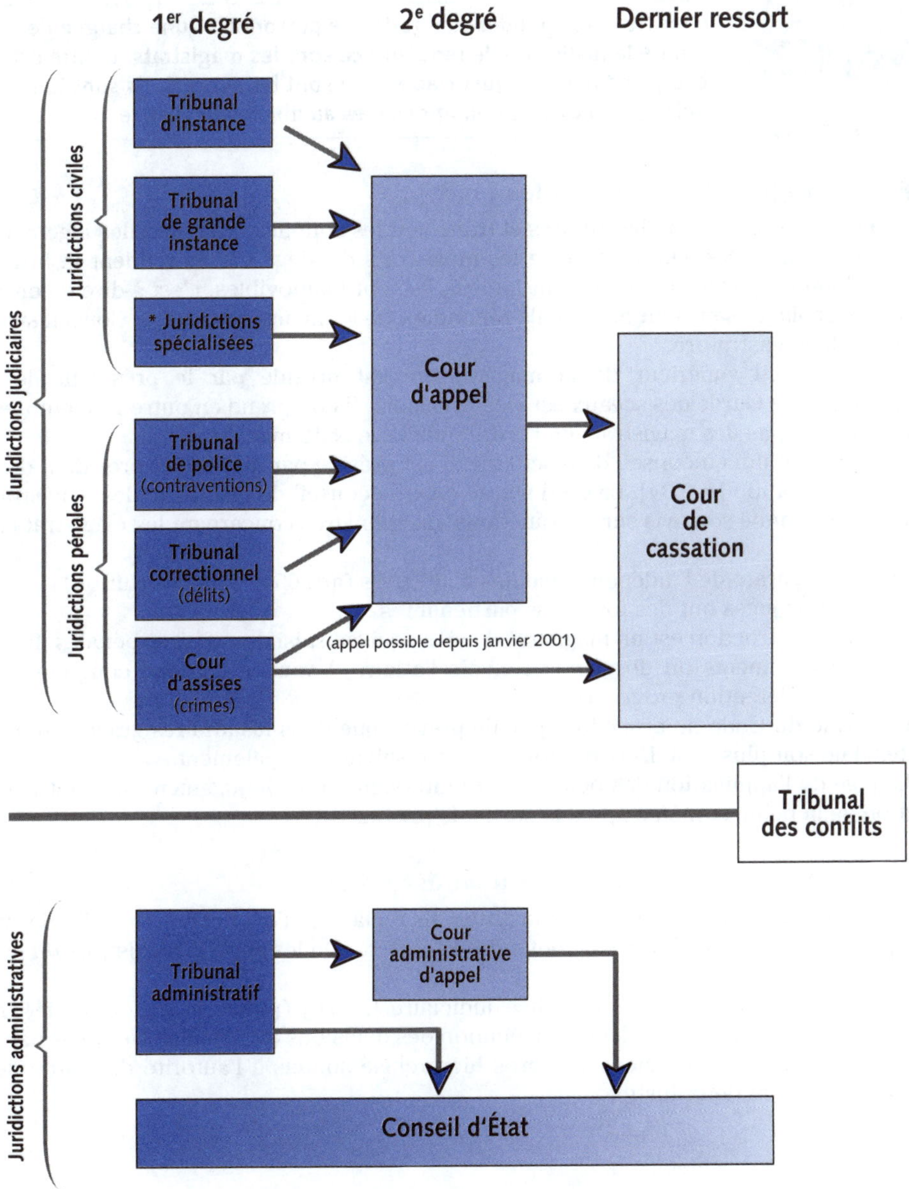


* Tribunal de commerce, conseil de prud'hommes, juge des loyers commerciaux, Commission du contentieux de la Sécurité sociale, tribunal paritaire des baux ruraux, etc.

# Le personnel de la justice

**Il existe deux grandes catégories de personnel. L'une chargée de rendre la justice ou de requérir : ce sont les magistrats. L'autre est chargée d'aider les justiciables : ce sont les avocats. Ils sont tous aidés par ceux que l'on appelle les auxiliaires de justice.**

## Les magistrats du siège : les juges

Les juges instruisent les affaires et tranchent les conflits en rendant des jugements ou des ordonnances. On les appelle les magistrats du siège car ils rendent la justice assis. Nommés par le gouvernement [*p. 40*], ils sont inamovibles, c'est-à-dire qu'on ne peut les déplacer sans leur accord, ils répondent de leurs actes devant le Conseil supérieur de la magistrature.

Le Conseil supérieur de la magistrature est présidé par le président de la République. Le Garde des sceaux est vice-président. Il comprend en outre 16 membres : 4 qui ne sont pas des magistrats de l'ordre judiciaire et 12 magistrats.
Quand il est réuni en conseil de discipline, il est présidé par le Premier président de la Cour de cassation [*p. 134*]. Le CSM statue comme conseil de discipline des magistrats du siège et donne son avis sur les sanctions disciplinaires concernant les magistrats de parquet.
Le CSM est garant de l'indépendance des magistrats (art. 65 de la Constitution).

Certains juges ont des fonctions particulières :
- Le juge d'instruction est un magistrat du siège qui est saisi des affaires pénales. Il rassemble les éléments du dossier et renvoie l'affaire devant le tribunal compétent. Il décide de la détention provisoire.

La réforme du Code de procédure pénale prévoit que dans les affaires graves ou délicates il ne soit plus seul. L'instruction peut être suivie collégialement.
- Le juge de l'application des peines (JAP) intervient après le jugement pendant l'exécution de la peine et même après la sortie de prison.

## Les magistrats du parquet ou ministère public

Ce sont les procureurs et les substituts. Ils réclament l'application de la loi devant les tribunaux, ils sont chargés de défendre la société. On les appelle magistrats du parquet, ils requièrent debout.

Les procureurs dirigent la police judiciaire [*p. 70*] (police et gendarmerie), ils reçoivent les plaintes et veillent à l'exécution des décisions du tribunal. Nommés par le gouvernement, ils constituent un corps hiérarchisé soumis à l'autorité du Garde des Sceaux (ministre de la Justice).

# Les auxiliaires de justice

## Les avocats

Ce sont des auxiliaires de la justice.
Ils servent d'intermédiaire entre le plaideur et le juge.
Spécialistes du droit, ils conseillent soit en renseignant, soit en aidant à rédiger un acte, soit en cherchant un règlement amiable. Ils assistent le justiciable dans ses contacts avec les juridictions. Ils prennent la parole devant le tribunal et rédigent les actes qui exposent les points de vue du plaideur. Ils représentent le demandeur ou le défendeur et accomplissent les actes en leur nom.
L'ensemble des avocats établis près d'un tribunal de grande instance constitue le barreau. Son président élu est appelé bâtonnier. Il représente le barreau et instruit les réclamations contre un avocat effectuées par un tiers.

## Les conciliateurs de justice

Ce ne sont pas des magistrats mais des personnes bénévoles nommées par le premier président de la cour d'appel. Leur mission est de favoriser et de constater le règlement à l'amiable de conflits qui leur sont soumis. Le recours à un conciliateur est gratuit.

## Les huissiers

Les huissiers sont des officiers ministériels, placés sous l'autorité du Procureur de la République.
Ils portent à la connaissance des personnes les décisions de justice, les assignations, les citations, ils font des constats à la demande des particuliers ou des magistrats. Ils pratiquent les saisies.
Dans le cas d'une saisie mobilière, l'huissier se présente au domicile muni du « titre exécutoire ». S'il y a des biens à saisir, il dresse un procès-verbal de saisie pour procéder à la vente par la suite. Dans le cas où il n'y a rien à saisir, il dresse un procès-verbal de carence.

## Les greffiers

Ce sont des fonctionnaires chargés de l'administration des juridictions.
Ils conservent les scellés, l'argent consigné lors d'un procès et les archives.
Ils assistent aux audiences et gardent les traces de leur déroulement.
Ils consignent les interrogatoires menés par les juges d'instruction.
Ils tiennent les registres du tribunal et sont dépositaires des minutes, c'est-à-dire des originaux des jugements.
Ils délivrent des expéditions des jugements ou des arrêts.
On compte dans la justice française 1 617 greffiers en chef et 6 262 greffiers.

## Les avoués

Ce sont des professionnels du droit et des officiers ministériels. Ils sont chargés de représenter leurs clients devant la cour d'appel, dans les affaires civiles.

## Les maisons de justice et de droit

Elles ont une triple mission :
– la médiation pénale ;
– l'information des citoyens ;
– l'aide aux victimes.

### L'aide juridictionnelle

Elle permet à tout justiciable ne bénéficiant pas de ressources suffisantes d'obtenir une aide lors d'une action en justice. La demande doit être adressée au bureau d'aide juridictionnelle établi auprès du tribunal de grande instance. Cette aide, totale ou partielle, est revalorisée chaque année. En 2006, il faut justifier de ressources mensuelles inférieures à 859 € pour une personne seule demandant l'aide totale, ou inférieures à 1 288 € pour l'aide partielle. Le plafond est majoré de 155 € pour les deux premières personnes à charge et de 98 € pour les suivantes.

# Le tribunal administratif

**Le tribunal administratif juge les litiges entre l'Administration et les particuliers. Le particulier peut demander l'annulation d'une décision de l'Administration, c'est le recours en excès de pouvoir, ou demander réparation, c'est le recours en pleine juridiction.**

## Qui juge ?

- Ce ne sont pas des magistrats, ce sont d'anciens élèves de l'École nationale d'Administration (ENA).
- Ils sont indépendants mais ne sont pas inamovibles [*p. 68*].

## Quelles affaires le tribunal administratif juge-t-il ?

Il juge : tout ce qui concerne une décision de l'Administration, la plupart des dommages entraînés par l'activité de l'Administration, tous les contrats passés par l'Administration, les litiges relatifs aux impôts directs, le contentieux des élections municipales et cantonales, les recours exercés contre les actes des personnes morales de droit public : État, département, commune…

## Quand recourir au tribunal administratif ?

Soit après, soit en l'absence d'une décision de l'Administration.

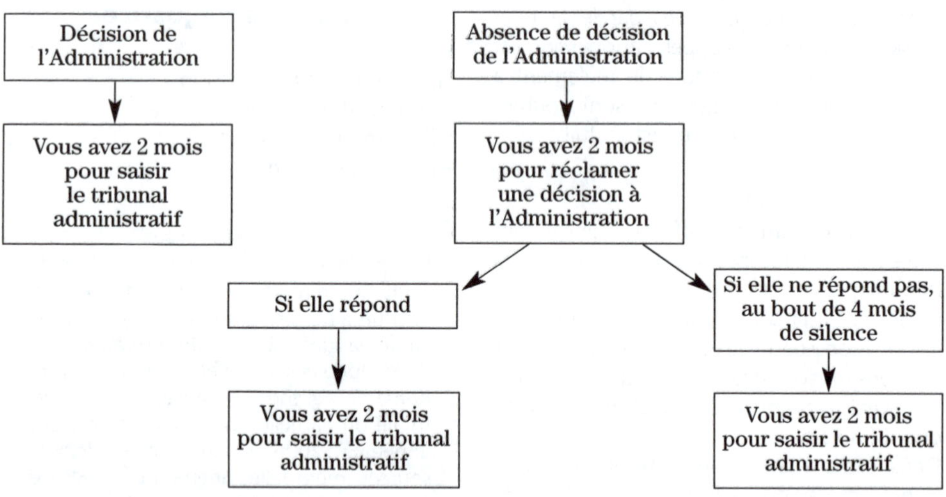


**Cas particuliers :** élections municipales ou cantonales, vous n'avez que 15 jours pour en contester les résultats.

# La procédure

## Avant l'action

Avant d'agir devant le tribunal administratif, deux solutions existent :
– le recours gracieux en s'adressant à l'Administration concernée ;
– le recours hiérarchique en s'adressant à l'autorité supérieure, par exemple au préfet pour la décision prise par le maire.

## Comment engager l'action ?

Le tribunal compétent est celui du lieu du contentieux, par exemple le lieu du dommage ou le lieu où est situé un immeuble dans le cas d'un problème d'urbanisme. Dans les autres cas, il faut saisir le tribunal administratif dont dépend l'administration qui a pris la décision contestée.
Le tribunal est saisi par l'envoi d'une lettre recommandée dans laquelle on expose ses griefs et ses prétentions, c'est la requête.
Toute la procédure est écrite ; au moment de l'audience un juge (le commissaire du gouvernement) expose les faits et les arguments de chacun. Il s'appuie sur le dossier et présente ses conclusions au tribunal.
Il n'est pas chargé de défendre l'Administration, il doit éclairer le tribunal et peut conclure pour une condamnation de l'État.
Les juges, trois en général, se réunissent pour prendre une décision, et rendent leur jugement à une date qu'ils précisent à la fin de l'audience. Cette action, qui consiste à rendre un jugement non à l'issue de l'audience mais plus tard, s'appelle la mise en délibéré.
Le jugement est notifié aux intéressés par lettre recommandée.

## Quelles peuvent être les décisions du tribunal ?

Le tribunal administratif peut annuler la décision de l'Administration si la loi n'a pas été respectée. Il peut aussi attribuer une indemnité pour réparer le dommage causé à quelqu'un par l'Administration.

## Y a-t-il des voies de recours ?

Suivant le domaine concerné, le recours est possible soit devant les cours administratives d'appel, soit devant le Conseil d'État. Les cours administratives d'appel, créées en 1987 et mises en place en 1989, sont au nombre de 7 : Bordeaux, Douai, Lyon, Marseille, Nancy, Nantes et Paris. Elles jugent les recours contre les décisions des tribunaux administratifs sauf dans trois domaines qui sont réservés au Conseil d'État :
– le contentieux électoral (élections municipales et cantonales),
– l'appréciation de la légalité,
– l'excès de pouvoir en matière d'actes administratifs réglementaires.

### La compétence administrative

À l'origine furent créés dans chaque département par la loi du 28 pluviose, an VIII, les conseils de préfecture. Ils furent transformés en conseils de préfecture interdépartementaux en 1926. Le décret du 30 septembre 1953 leur a donné l'appellation de tribunaux administratifs. À côté de compétences juridictionnelles, ils disposent de compétences administratives. Ils peuvent être appelés à donner leur avis sur des questions que leur soumettent les préfets.

# Le Conseil d'État

**Il fut créé par la Constitution de l'an VIII. Il siège au Palais-Royal. Le Conseil d'État participe ou aide par ses conseils à rédiger des projets de loi et de décrets. Le Conseil d'État est ensuite chargé de juger les litiges dans lesquels l'Administration est mise en cause. Il devient ainsi la juridiction suprême en matière administrative.**

## Qui est membre du Conseil d'État ?

*Les membres du Conseil d'État* sont des fonctionnaires [*p. 65*] et non des magistrats, ils ne sont pas inamovibles. Il y a quatre grades parmi le personnel du Conseil d'État :
– les auditeurs de seconde classe issus de l'École nationale d'Administration (ENA) et les auditeurs de première classe choisis parmi les précédents.
– les maîtres des requêtes, 3/4 sont pris parmi les auditeurs, 1/4 vient de l'Administration.
– les conseillers d'État, recrutés aux 2/3 parmi les maîtres des requêtes et 1/3 dans l'Administration.
– il existe aussi des conseillers d'État en service extraordinaire, ils sont nommés pour une durée limitée par le gouvernement en raison de leurs compétences.

*Le Premier ministre* [*p. 38*] est le président du Conseil d'État, son suppléant est le ministre de la Justice. Ils assurent très rarement cette fonction qui est exercée par le vice-président du Conseil d'État.

*Les auditeurs et les maîtres des requêtes* préparent les dossiers qui seront ensuite examinés par les différentes formations du Conseil d'État.

*Les conseillers d'État* délibèrent et décident sur les affaires qui leur sont soumises.

## Quel est le rôle du Conseil d'État ?

Il a un double rôle, celui de conseil et celui de juge.

Un rôle de conseil pour les textes élaborés par le gouvernement [*p. 40*] (qui peut ne pas en tenir compte), un rôle consultatif sur l'interprétation d'un texte administratif. Il donne son avis sur des décisions d'intérêt public : association, naturalisation, changement de nom par exemple.

Le rôle juridictionnel est triple :
– il juge en premier et dernier ressort certaines affaires importantes. Par exemple : contentieux des élections du Parlement européen, demande d'annulation d'un décret ou d'un acte réglementaire des ministres, etc.
– il juge en appel les décisions des tribunaux administratifs dans les litiges relatifs aux élections municipales et cantonales.
– il est juge de cassation de toutes les décisions des juridictions administratives statuant en dernier ressort notamment les cours administratives d'appel.

# L'ORGANISATION DU CONSEIL D'ÉTAT

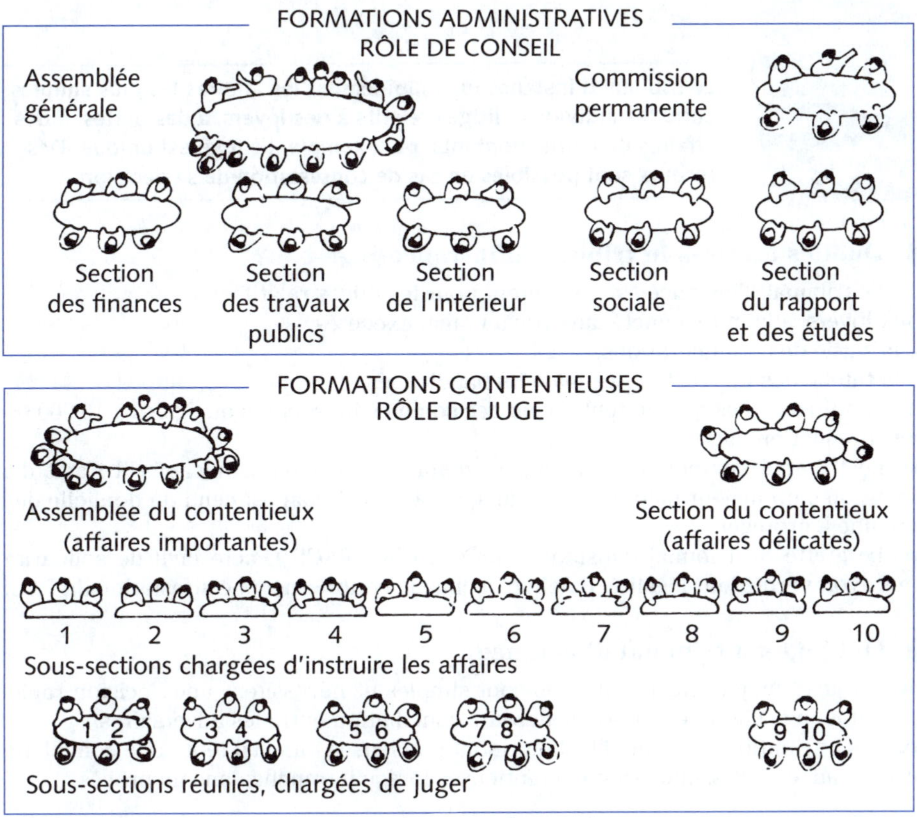


Les décisions du Conseil d'État ne sont pas susceptibles de recours sauf cas exceptionnels.

## Rôle du Conseil d'État et du Conseil constitutionnel

Un exemple : en 1991, le gouvernement dépose un projet de loi sur le statut de la Corse. Un article fait référence au « peuple corse ». Le Conseil d'État l'examine et conteste cette notion.
Le gouvernement le fait adopter par l'Assemblée. Cet article est jugé contraire à la Constitution par le Conseil constitutionnel.

## La Cour des comptes

La Cour des comptes contrôle *a posteriori* les comptes de l'Administration. Elle vérifie la bonne utilisation de l'argent de l'État.
En cas d'irrégularité, elle forme une cour de discipline budgétaire et financière qui instruit les affaires et peut condamner à des amendes.
La Cour des comptes rédige un rapport annuel, dans lequel elle donne le résultat de ses vérifications et elle présente des suggestions pour améliorer les résultats des comptes publics.

# Le tribunal d'instance

**Le tribunal d'instance juge rapidement les affaires les plus simples entre les individus : litiges relatifs à des loyers, à des dettes, à des affaires de petits montants, par exemple. Le juge est unique. Des recours sont possibles en cas de contestation de sa décision.**

## Quelles affaires le tribunal d'instance juge-t-il ?

Le tribunal d'instance est compétent pour les litiges relatifs :
- aux loyers, à la mitoyenneté, aux travaux mal exécutés,
- à la saisie des rémunérations,
- à la tutelle des mineurs et des majeurs handicapés,
- aux affaires civiles qui mettent en jeu des sommes inférieures ou égales à 10 000 €,
- au surendettement.

Le tribunal compétent est celui du domicile du défendeur sauf s'il s'agit d'un mineur ou d'un majeur incompétent, dans ce cas le tribunal est celui du domicile de la personne à protéger.

Le greffe du tribunal d'instance enregistre les PACS (Pacte civil de solidarité), après avoir vérifié leur légalité. Il délivre à chaque contractuel une attestation du PACS.

## Qui juge au tribunal d'instance ?

Un juge unique, car les affaires sont simples et nécessitent une décision rapide. Souvent le juge cherchera à privilégier une conciliation entre les adversaires.

Les attributions du juge d'instance sont gracieuses lorsqu'il tente une conciliation entre les adversaires, elles sont contentieuses lorsqu'il tranche dans un procès.

## Y a-t-il des recours contre la décision du juge d'instance ?

Il y en a quatre :
- l'opposition du défendeur absent et non représenté au procès ;
- la tierce opposition faite par une personne étrangère au procès mais qui peut être concernée par la décision ;
- l'appel [*p. 132*] si une des parties n'est pas satisfaite et que l'affaire porte sur une réclamation supérieure à 4 000 €. Le délai est d'un mois ;
- le pourvoi en cassation si l'une des parties estime que la procédure [*p. 134*] n'a pas été régulière et s'il n'est pas possible de faire appel en raison du montant du litige.

## Les juges de proximité, créés par la loi du 9 septembre 2002

Placés aux côtés des juges d'instance, ils ne sont pas membres du corps judiciaire. Ils ont pour mission de régler les petits litiges inférieurs à 4 000 € (conflits de voisinage, injonctions à payer…).

# LES PROCÉDURES

## Pour éviter un procès : le Conciliateur de justice

(s'adresser en mairie pour connaître lieu et heures de permanence).

La conciliation concerne les petits conflits d'ordre civil (voisinage, créances impayées, malfaçon de travaux, différends locatifs) :

– la procédure de conciliation est gratuite ;

– la conciliation a pour mission de trouver un compromis entre les parties qui doivent être présentes ;

– en cas d'accord le conciliateur établit un constat d'accord signé par les parties auquel le juge d'instance peut donner force exécutoire ;

– en cas d'échec, chacune des parties est libre de saisir le tribunal.

### Pacte civil de solidarité (PACS)

• Deux personnes majeures peuvent conclure un PACS, quel que soit leur sexe. Pour cela, il faut se présenter, ensemble, au greffe du tribunal d'instance du domicile commun.

• Créé en novembre 1999, le PACS a franchi le seuil des 100 000 au 31 décembre 2003.

Après la signature de 40 100 PACS en 2004, la hausse s'est poursuivie en 2005 (40 000 pour les 9 premiers mois).

www.justice.gouv.fr

## Le déroulement d'une affaire au tribunal d'instance

On peut se défendre seul ou se faire représenter (la présence d'un avocat n'est pas obligatoire). Trois possibilités peuvent se présenter…

## Possibilité 1 : la conciliation

Le demandeur s'adresse au tribunal pour faire comparaître son adversaire. Le juge peut désigner un conciliateur ; le conciliateur peut aussi intervenir dans un problème de mitoyenneté, de location et de copropriété sur simple demande avant d'engager un conflit au tribunal.

## Possibilité 2 : le jugement

Si la conciliation échoue, le juge délivre la citation à comparaître devant le tribunal. À l'audience, le tribunal est informé de la nature du litige et des réclamations. Après avoir entendu les parties, le juge décide.

## Possibilité 3 : l'injonction de payer

Dans le cas d'une dette non payée, le créancier présente sa requête au juge. Si le juge estime la créance justifiée, il autorise l'injonction de payer (on demande au débiteur de payer sa dette).

L'injonction de payer est signifiée par exploit d'huissier ou par lettre recommandée du greffier.

# Le tribunal de grande instance

**Il juge les affaires complexes sur le plan des personnes et sur celui des biens. Les audiences sont publiques, sauf dans le cas d'affaires familiales où le procès a lieu en chambre du conseil.**

## Quelles affaires le tribunal de grande instance juge-t-il ?

- Le tribunal de grande instance est compétent pour les affaires relatives aux personnes : divorce, filiation, adoption, successions, nationalités, rectification d'état civil. Depuis 1993, le juge aux affaires familiales veille aux intérêts des mineurs et peut seul prononcer les divorces et règle le problème des pensions alimentaires et de la garde d'enfants. Il peut renvoyer l'affaire en audience collégiale. La prestation compensatoire en cas de divorce pourra être révisée.
- Il est également compétent pour certaines affaires relatives aux biens : droit de propriété, brevet d'invention, saisie d'immeubles, expropriation, malfaçons immobilières, affaires qui mettent en jeu des sommes supérieures à 10 000 €.
- Le tribunal compétent territorialement est toujours celui du défendeur sauf s'il s'agit d'un immeuble, d'une succession, d'un contrat ; le tribunal est alors celui du lieu où ils sont situés ou exécutés.
Ou il s'agit d'une pension alimentaire, le tribunal est alors celui du demandeur.
- La présence d'un avocat est obligatoire.

## Qui juge au tribunal de grande instance ?

- Trois juges, c'est une juridiction collégiale.
- Le président peut statuer sur le fond du litige en cas d'urgence, par une ordonnance de référé. Il est juge des référés.
- Le président peut satisfaire la requête d'une des parties, protéger les biens réclamés (par exemple). Il est alors juge des requêtes.
- Auprès de chaque TGI, le ministère public intervient dans certaines affaires civiles.

## Y a-t-il des recours contre la décision du tribunal de grande instance ?

Les voies de recours sont les mêmes que pour le tribunal d'instance [*p. 116*] : l'opposition, la tierce opposition, l'appel, le pourvoi en cassation.

## Où trouve-t-on un tribunal de grande instance ?

Il existe en France 187 tribunaux de grande instance : au moins un par département et un dans les arrondissements importants de Paris, Lyon ou Marseille.

# Le déroulement d'une affaire

Au tribunal de grande instance, comment une affaire se déroule-t-elle ?

## Introduction de l'instance

L'assignation : le défendeur est mis au courant du contenu exact du litige et des réclamations faites par le demandeur ; cet acte rédigé par un huissier est appelé exploit d'huissier.

## Instruction de l'affaire

La reproduction de l'acte d'assignation est remise au greffe.
Le greffier inscrit l'affaire au rôle et lui donne un numéro.
Le défendeur charge un avocat de le défendre, les parties échangent leurs prétentions et leurs conclusions.

## Jugement

À l'audience, les avocats font connaître oralement leurs conclusions.

## Le juge décide

Le greffier rédige l'original du jugement. Le jugement contient les noms des parties et le motif de la demande, les motifs ou « attendus » qui ont permis au juge de prendre sa décision, ainsi que les modalités d'exécution de la décision.
La première copie du jugement est envoyée aux avocats.
En cas de condamnation, elle est signifiée par huissier à la personne condamnée.

# Le tribunal de police

**Le tribunal de police juge les infractions pénales les moins graves appelées contraventions. Les peines encourues sont des amendes jusqu'à 1 500 € (3 000 € en cas de récidive) et des peines privatives ou restrictives de droit (suspension du permis de conduire, travail d'intérêt général...).**

## Quels motifs pour une contravention ?

Les contraventions concernant la circulation routière sont les plus nombreuses. Le contrôle de vitesse automatique est opérationnel jusqu'à atteindre 1 000 radars (fixes et mobiles) pour la fin 2005. Lorsque le propriétaire d'un véhicule reçoit un avis de contravention, il doit s'acquitter d'une contresignation de 135 €. Il existe également les contraventions pour infraction à la législation du travail, à la législation de la pêche et de la chasse, les contraventions pour blessures involontaires, les violences et voies de fait, les outrages envers un citoyen chargé d'un ministère public.
Chaque année, environ 17 millions de procès-verbaux sont dressés en France.

## Qui juge au tribunal de police ?

- C'est le juge d'instance, assisté d'un greffier [*p. 110*], qui décide seul en matière pénale.
- Le ministère public est représenté par le procureur de la République [*p. 110*] ou un substitut, ou par le commissaire de police.

## Comment fonctionne le tribunal de police ?

- *La procédure normale* : celui qui a commis une contravention est convoqué devant le tribunal pour répondre aux accusations portées contre lui par le ministère public. Le contrevenant peut se faire représenter par un avocat.
- *La procédure simplifiée* : l'ordonnance pénale. Le juge décide à partir du dossier. Lorsque la décision du juge a été communiquée au contrevenant, celui-ci a trente jours pour payer l'amende ou pour faire opposition ; dans cette dernière hypothèse, le juge revient à la procédure normale.
- *L'amende forfaitaire* : elle concerne les contraventions les moins graves et les plus fréquentes (infractions au code de la route). Le contrevenant peut payer au moment où l'agent verbalise, ou régler par un timbre amende. Si on conteste la contravention, on revient à une procédure normale.

## Y a-t-il un recours contre la décision du tribunal de police ?

- Les jugements sont susceptibles d'appel [*p. 132*] dans les dix jours de la décision, si la somme réclamée excède 4 000 €.
- Sinon le pourvoi en cassation [*p. 134*] est possible dans les 5 jours.

# L'ENQUÊTE ET L'INSTRUCTION

## Dans quels cas est-on poursuivi par la justice pénale ?

On est poursuivi par la justice pénale après une enquête et une instruction.
L'enquête recherche qui a commis l'infraction.
L'instruction tente à la fois d'éclairer les circonstances de l'infraction et la personnalité du responsable.

## L'enquête

L'enquête est menée par la police judiciaire (police ou gendarmerie) placée sous l'autorité du procureur. Cette enquête est déclenchée soit après une plainte de la victime, soit après la constatation de l'infraction.

## L'instruction par le juge d'instruction

L'instruction est facultative pour les contraventions, elle est obligatoire pour les crimes. Le juge d'instruction rassemble les renseignements sur la personnalité de l'inculpé et recherche des preuves. Les perquisitions nocturnes sont interdites de 21h à 6h sauf cas de terrorisme (janvier 1997). Il peut désigner des experts et nommer des commissions rogatoires (faire procéder à des perquisitions ou à des saisies). Le juge d'instruction délivre également les mandats d'arrêt et décide de la détention provisoire.
Lorsque l'instruction est terminée, il renvoie l'affaire devant la juridiction compétente.

## Garde à vue et présomption d'innocence

- Une personne, suspectée d'avoir commis une infraction, peut être retenue pendant 24 heures maximum par un officier de police judiciaire.
- Le Procureur de la République, qui doit en être informé, peut faire prolonger la garde à vue de 24 heures maximum.
- Les magistrats du parquet surveillent l'exécution de la garde à vue, strictement réglementée par la loi.
- Une personne gardée à vue a le droit au silence et celui de prévenir sa famille ou de s'entretenir avec un avocat dès la première heure de garde à vue.
- La garde à vue peut durer jusqu'à 4 jours pour certaines infractions, comme le trafic de stupéfiants ou le terrorisme.

## L'instruction par la Chambre des mises en accusation

En cas de renvoi devant la cour d'assises, il y a vérification d'instruction, devant la Chambre des mises en accusation. Elle confirme la juridiction qui doit juger.
Si les preuves sont insuffisantes, la Chambre des mises en accusation peut délivrer un non-lieu ; au contraire si les preuves sont concordantes, elle délivre un arrêt de mise en accusation : l'inculpé devient accusé.
La Chambre des mises en accusation est l'organisme d'appel des décisions du juge d'instruction.

## La justice pénale : caractéristiques

- Elle juge toutes les infractions, c'est-à-dire les actes qui sont interdits par le Code pénal. Il y a trois catégories :
  - les *contraventions* (non respect du code de la route),
  - les *délits* (vol sans arme),
  - les *crimes* (viol, meurtre).

Les contraventions sont jugées par le tribunal de police, les délits par le tribunal correctionnel, les crimes par la cour d'assises.

- Il y a une double action : l'action publique qui doit punir et l'action civile qui doit réparer.

Le ministère public réclame une punition au nom de la société, c'est l'action publique.
La partie civile réclame pour la victime ou sa famille la réparation du dommage, c'est l'action civile.

# Le tribunal correctionnel

**Le tribunal correctionnel juge les infractions appelées délits : le vol, l'escroquerie, délit de fuite par exemple. La juridiction n'est plus collégiale. La peine encourue au tribunal correctionnel peut aller jusqu'à dix ans d'emprisonnement, vingt ans en cas de récidive.**

## Comment le tribunal correctionnel est-il saisi ?

- Par le juge d'instruction [*p. 110*] après l'enquête et l'instruction.
- Par le procureur après une plainte ou un flagrant délit.
- Par la victime si les preuves sont suffisantes pour que l'affaire ne réclame pas d'instruction.

## Quel est le tribunal correctionnel qui va juger ?

- Le tribunal correctionnel sur le territoire duquel le délit a été commis.
- Cependant d'autres tribunaux correctionnels peuvent être saisis : celui dont dépend le domicile du prévenu, celui du lieu de l'arrestation, celui du lieu de l'emprisonnement de l'inculpé.

## Qui juge au tribunal correctionnel ?

Depuis mars 1995, il n'y a qu'un seul juge pour la plupart des affaires (vol simple ou aggravé, violence volontaire). Le juge unique peut décider de renvoyer l'affaire devant le TC siégeant collégialement en raison de la complexité des faits ou de l'importance de la peine encourue.
Le ministère public est représenté par le procureur [*p. 110*] ou un substitut.

## Quelle est la procédure au tribunal correctionnel ?

- 1. Le prévenu est interrogé sur son identité et sur les circonstances dans lesquelles l'acte a été commis.
- 2. Le ministère public présente les preuves, ensuite le président écoute et interroge les témoins.
- 3. On écoute ensuite la plaidoirie de la partie civile (si elle existe), puis intervient le procureur (ou le substitut) ; il réclame une peine ou tout simplement l'application de la loi, c'est-à-dire la peine inscrite au Code pénal pour le délit en cause. Enfin l'avocat de la défense tente d'expliquer et d'excuser le prévenu.
- 4. Le juge rend le jugement. La sentence est prononcée par le juge, elle est motivée et rendue publiquement. Les procès du tribunal correctionnel sont publics.
- Il peut prononcer des peines d'amende, d'emprisonnement ou des peines complémentaires (interdiction d'exercer une activité professionnelle, travail d'intérêt général).
- Les décisions sont susceptibles d'appel.

## Qu'est-ce que le « plaider-coupable » ?

- Depuis le 1er octobre 2004, cette nouvelle procédure permet au procureur de proposer une peine maximale d'un an d'emprisonnement à une personne ayant reconnu un délit. Le procès est évité si la peine est acceptée.

# La nature des infractions jugées par les tribunaux correctionnels

## Les infractions contre les biens

Le vol, l'escroquerie, l'abus de confiance, le chantage, le recel, l'émission de chèques sans provision, les violences contre les animaux.

## Les infractions contre les personnes

L'homicide involontaire (cas d'accident de la route), les coups et blessures volontaires, la maltraitance des enfants, la séquestration de personnes, la non-représentation d'enfants, le proxénétisme.

## Les infractions contre la chose publique

- la fraude électorale
- le bris de scellés
- le faux en écriture
- la violence sur la personne d'un officier ministériel ou d'un fonctionnaire
- la dégradation d'un monument public
- l'usurpation de titre ou de fonction

## Le bracelet électronique

Expérimenté depuis octobre 2000, le port d'un bracelet électronique s'appliquera aux délinquants sexuels ou violents récidivistes ayant déjà été condamnés à au moins 7 ans de prison. Il nécessitera le consentement de la personne concernée et la durée du placement ne pourra excéder 4 ans pour un délit et 6 ans pour un crime. Le placement sous surveillance électronique est étendu depuis mars 2004 aux personnes mises en examen ou prévenues.

## La détention provisoire

Seul le juge d'instruction peut saisir le juge des libertés et de la détention afin de placer en détention la personne mise en examen. La détention provisoire peut être ordonnée si elle constitue l'unique moyen de conserver les preuves ou d'empêcher les pressions sur les témoins ou les victimes.

## La HALDE

La Haute autorité contre les discriminations et pour l'égalité (HALDE), créée en 2004.
11/15 rue St Georges
75009 PARIS
http://www.halde.fr

### Le casier judiciaire

Toutes les condamnations sont inscrites sur un fichier national, le casier judiciaire. Il existe trois types d'extraits :
– le bulletin n° 1 contient toutes les condamnations : il est destiné aux autorités judiciaires ;
– le bulletin n° 2 ne comporte que certaines condamnations ; il est destiné à l'Administration ;
– le bulletin n° 3 comporte les condamnations à plus de deux ans d'emprisonnement et certaines interdictions, déchéances ou interdiction d'exercer une activité en contact avec des mineurs, c'est celui qui vous est envoyé.
Pour obtenir un extrait de votre casier judiciaire, il faut le demander au Casier judiciaire national, 44317 Nantes cedex 03 ou directement par Internet : www.cjn.justice.gouv.fr.
On peut consulter le contenu intégral de son propre casier judiciaire en s'adressant au Procureur de la République de son domicile mais aucune copie n'est délivrée.

# La cour d'assises

**Il y a une cour d'assises par département, elle juge les crimes, après un arrêt de renvoi de la Chambre des mises en accusation.
La cour d'assises ne siège pas en permanence, elle siège par session, souvent trimestrielle. La procédure du procès et sa préparation sont complexes.**

## Quelle est sa compétence ?

Elle juge les crimes : meurtre, viol, vol à main armée, crime contre l'humanité, rapt, terrorisme.

## Qui juge en cour d'assises ?

Trois juges professionnels (la cour), assistés de neuf citoyens tirés au sort (le jury).

## Comment peut-on devenir juré ?

- Une liste préparatoire est établie par le maire [*p. 96*], après un tirage au sort sur la liste électorale de la commune. Mais il faut avoir plus de 23 ans, savoir lire et écrire, ne pas avoir été condamné, ni exercer une activité incompatible (policier, député, etc.).
- À partir des listes préparatoires, une commission établit une liste annuelle. Sur cette liste, le président du TGI de la ville où siège la cour d'assises tire au sort le jury d'assises composé de 35 jurés titulaires et de 10 suppléants, 30 jours avant le début de la session : c'est la liste de session.
- Le préfet avertit les jurés désignés 15 jours avant l'ouverture de la session. Ces jurés sont convoqués pour le début de la session. Le juré, ainsi désigné, doit se rendre à la convocation sous peine d'amende. (Des dispenses sont accordées dans certains cas : âge, maladie, voyage, ou bien si l'on a déjà été juré.)

## Comment se prépare un procès aux assises ?

La gravité des infractions jugées aux assises rend la procédure du procès et de sa préparation complexe.

- *Avant l'audience*

Le président rend visite à l'accusé. Il le prévient des charges retenues contre lui. Il l'interroge et s'assure qu'il bénéficie d'un avocat.

- *Au début de l'audience*

Le président tire au sort, à partir de la liste de session, les neuf jurés et leur fait prêter serment. La défense peut récuser 5 jurés et l'accusation 4. Il fait l'appel des témoins qui se retirent pour ne paraître que lorsqu'ils sont appelés.

## Quelles peines ?

La cour d'assises peut prononcer des peines de réclusion, de détention criminelle à temps ou à perpétuité, ferme, avec sursis. Elle peut aussi prononcer des peines d'amende.

## Quelle réforme pour les verdicts de cour d'assises ?

Le principe d'une procédure d'appel est acquis. Il est appliqué depuis janvier 2001. Le jury est composé de 12 membres (contre 9 en première instance).

# L'AUDIENCE

Cour d'assises

## Le déroulement de l'audience

Le greffier lit l'arrêt de renvoi, c'est-à-dire l'acte d'accusation.

Le président interroge l'accusé sur son identité, son passé.

Le président entend ensuite les témoins et les experts qui jurent de « dire la vérité ».

L'avocat de la partie civile plaide.

Le ministère public (avocat général) requiert et demande une peine.

L'avocat de l'accusé plaide pour tenter de diminuer ou d'excuser la faute.

Le président lit la liste des questions auxquelles la cour et le jury devront répondre, ceux-ci se retirent pour délibérer.

## Les délibérations

La cour et le jury se retirent pour décider si l'accusé est coupable et s'il a des circonstances atténuantes.

Les délibérations ont lieu à huis clos, elles doivent rester secrètes même après le procès.

## La sentence

Après les délibérations, le président lit ce qui a été décidé :

– la culpabilité (8 voix contre 4 sont nécessaires) ;

– la peine (décidée à la majorité simple) ;

– les dommages et intérêts accordés à la victime (décidés uniquement par la cour) ;

– la condamnation peut aller jusqu'à la réclusion à perpétuité. La peine de mort a été abolie en France, en 1981.

# La justice et les mineurs

**Les enfants et les adolescents de moins de 18 ans ont leur justice propre. Il s'agit d'assurer la protection des mineurs, de sanctionner les actes de délinquance et d'aider les jeunes à surmonter leurs difficultés par un suivi éducatif.**

## Que faire si un mineur est en danger ?

- Un mineur est considéré en danger s'il est maltraité physiquement ou moralement, si son environnement ne permet pas un bon développement physique ou psychologique.
- Toute personne qui connaît un jeune en difficulté peut le signaler au service d'aide à l'enfance du département, à une assistance sociale, au procureur de la République du TGI, aux services de police ou de gendarmerie.
- Deux dispositifs de protection de l'enfance peuvent intervenir : l'aide sociale à l'enfance, qui intervient avec l'accord écrit des parents, ou la justice, avec le juge pour enfants saisi par le parquet.

## Que risque un mineur auteur d'une infraction pénale ?

- Si un jeune commet une infraction, il peut être poursuivi pénalement, mais seulement après une enquête appelée information préalable.
- C'est le parquet qui décide d'engager ou non des poursuites pénales.
- Dans tous les cas, le mineur doit être assisté d'un avocat.
- En cas de poursuites, le parquet saisit le **juge pour enfants**. Selon la gravité de l'affaire, le juge pour enfants décide de juger le jeune seul dans son cabinet, après avis du parquet ou de renvoyer l'affaire devant le tribunal pour enfants.
- Le juge ne peut que prononcer des mesures éducatives : admonestation, remise à parents, tuteur, réparation, liberté surveillée, placement éducatif, mise sous protection judiciaire.
- Le **tribunal pour enfants** siège à huis clos. Il est composé du juge pour enfants et de deux assesseurs, citoyens choisis pour l'intérêt qu'ils portent à l'enfance. Sont présents un représentant du parquet, le greffier. Il juge les mineurs poursuivis pour contraventions, délits et les moins de 16 ans pour crimes. Il peut prononcer des mesures éducatives, une peine d'intérêt général, une amende dans la limite de 7 500 €. Depuis le 1$^{er}$ octobre 2004, le « stage de citoyenneté » constitue une nouvelle sanction pénale pour les mineurs de 13 à 18 ans.
- Seul le tribunal pour enfants ou la cour d'assises des mineurs peuvent prononcer une peine de prison pour un mineur de plus de 13 ans.
- La **cour d'assises des mineurs** juge les enfants âgés d'au moins 16 ans, accusés de crime.

# LE FONCTIONNEMENT DE LA JUSTICE PÉNALE DES MINEURS

## La procédure d'assistance éducative

(Protection des mineurs en danger)

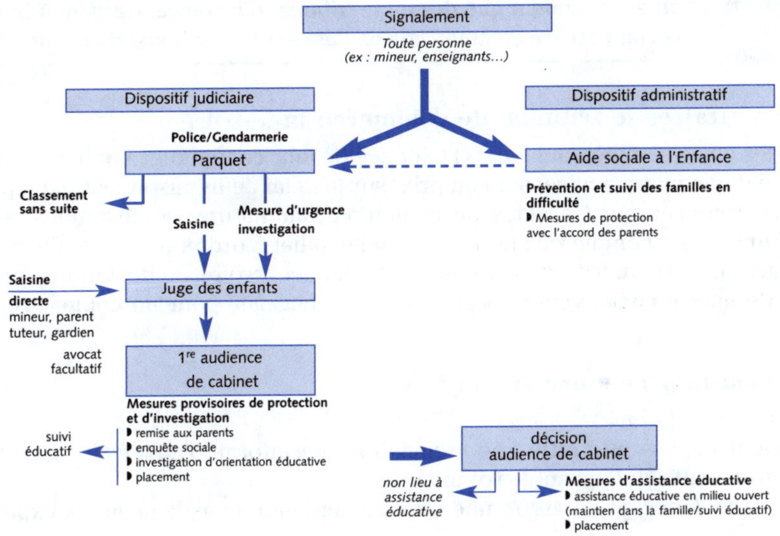


## La procédure pénale

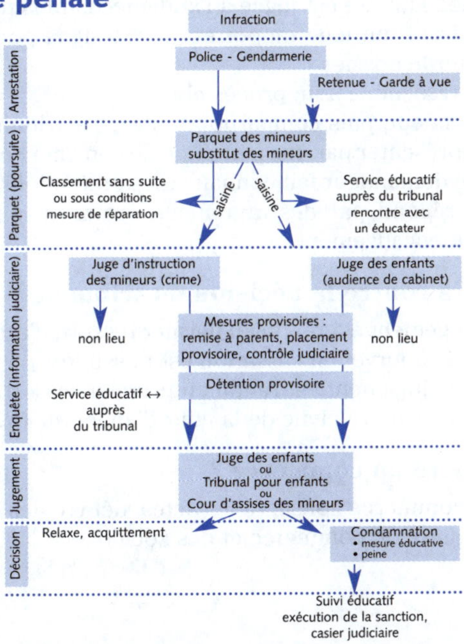


*La justice des mineurs*, ministère de la Justice

# Le tribunal de commerce

**Les tribunaux de commerce (au nombre de 191) sont uniquement compétents pour les affaires commerciales. Les juges sont des commerçants élus par d'autres commerçants. La justice est rendue plus rapidement que devant le tribunal d'instance. Certains TGI ont la compétence commerciale en l'absence de tribunal de commerce.**

## Quelles affaires le tribunal de commerce juge-t-il ?

- Les litiges entre commerçants dans l'exercice de leur commerce : contestation sur la conformité d'une marchandise, sur son prix, sur le délai de livraison, par exemple.
- Les litiges concernant les actes de commerce par nature, contestations sur la signature d'un effet de commerce : lettre de change, billet à ordre, par exemple.
- Les litiges concernant les actes de commerce par accessoire, contestations sur une transaction de nature civile, vente, location-gérance engagée pour un commerce, par exemple.

## Quelle est la procédure suivie ?

- *La saisie du tribunal*

• Le demandeur dépose au greffe une assignation qui informe l'adversaire qu'il va y avoir une action contre lui devant le tribunal.

• Les adversaires déposent au greffe une requête conjointe dans laquelle ils exposent leurs désaccords.

- *Le procès*

• Si le dossier est complet, l'affaire est jugée à l'audience la plus proche.

• Si le dossier est insuffisant, un juge rapporteur est désigné pour mettre l'affaire en état, c'est-à-dire compléter le dossier.

• Le procès commercial ressemble à un procès civil.

Il y a assignation du défendeur, puis comparution devant le tribunal, soit en étant présent, soit en se faisant représenter par une personne de son choix ou un avocat [*p. 110*]. La procédure est orale, le demandeur fait connaître ses prétentions contenues dans l'assignation, le défendeur répond par des arguments oraux ou par écrit. Après avoir écouté, les juges rendent leur jugement.

## Y a-t-il un recours contre la décision du tribunal ?

- Jusqu'à 4 000 €, le jugement est rendu en dernier ressort, c'est-à-dire qu'il n'est pas susceptible d'appel, seul le pourvoi en cassation est possible.
- Au-delà de 4 000 €, le jugement est rendu en premier ressort, c'est-à-dire que l'on peut faire appel devant la chambre civile de la cour d'appel [*p. 132*].

## Qui tient le registre du commerce ?

Le greffe du tribunal de commerce conserve les actes, délivre des copies des décisions du tribunal. Il tient le registre du commerce et des sociétés.

# Les juges du tribunal de commerce

Les juges non professionnels, appelés juges consulaires, sont élus pour deux ans ou quatre ans parmi les commerçants.
Pour être électeur : il faut être inscrit au registre du commerce.
Pour être éligible : il faut avoir plus de 30 ans, être inscrit au registre du commerce depuis plus de 5 ans.

**Le président du tribunal de commerce élu pour trois ans**
**Le vice-président**
**Un nombre variable de présidents de chambre**

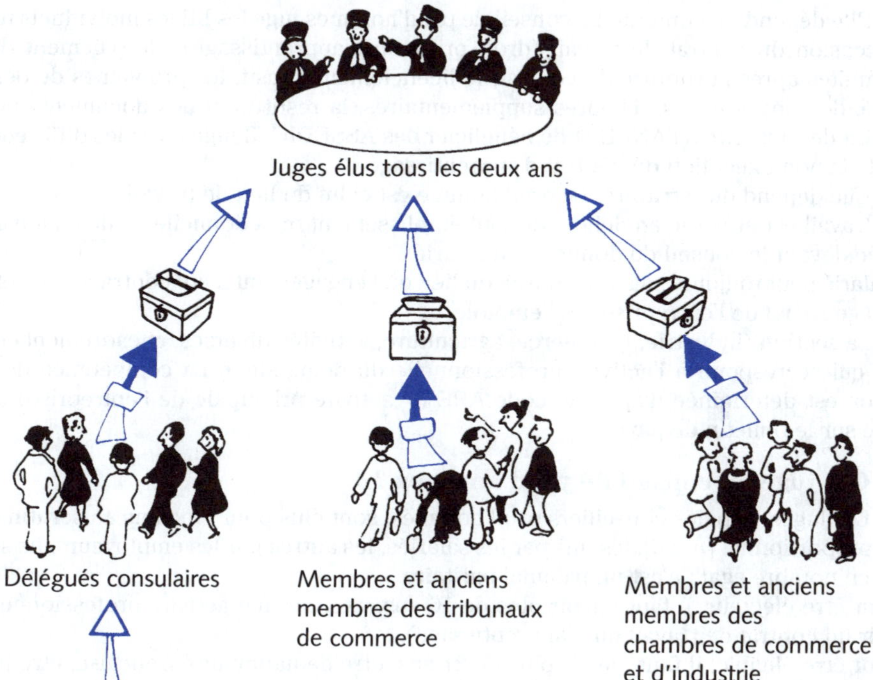

Les juges consulaires sont assistés d'un greffe, mais le greffier exerce une profession libérale, ce n'est pas un fonctionnaire mais un officier public (comme un huissier).

### L'administrateur judiciaire

Il a pour mission de surveiller, d'assister ou de représenter le chef d'entreprise en cas de redressement judiciaire. Il établit le bilan de l'entreprise et propose une solution au tribunal : continuation, cession ou liquidation de l'entreprise.

# Le conseil de prud'hommes

**Le conseil de prud'hommes est un tribunal spécialisé chargé de résoudre les conflits individuels, issus du contrat de travail. Il siège auprès de chaque TGI. Il en existe 271.**

## Quelle est la compétence du conseil de prud'hommes ?

▬ Elle dépend du contenu. Le conseil de prud'hommes juge les litiges individuels nés à l'occasion du contrat de travail (droit privé ou d'apprentissage) : le paiement des indemnités après la rupture du contrat, le licenciement abusif, les problèmes de délai congé, de congés payés, d'heures supplémentaires, la restitution des documents permettant de s'inscrire à l'ANPE et de bénéficier des ASSEDIC. Il juge aussi les différends nés de la non-exécution du contrat d'apprentissage.

▬ Elle dépend du territoire. Le prud'homme est celui du lieu de travail.
Si le travail est effectué en dehors de tout établissement ou à domicile, la demande est portée devant le conseil du domicile du salarié.
Le salarié peut toujours saisir le conseil du lieu où l'engagement a été contracté ou celui du siège social de l'entreprise qui l'emploie.

▬ La section (industrie, commerce, agriculture, activités diverses, encadrement) est celle qui correspond à l'activité professionnelle du demandeur. La compétence de la section est déterminée d'après le code APE (= activité principale de l'entreprise) qui figure sur le bulletin de paye.

## Qui juge au conseil de prud'hommes ?

▬ Les juges, appelés conseillers prud'hommes, sont élus pour cinq ans au scrutin de liste proportionnel [*p. 26*], les uns par les salariés, les autres par les employeurs. Ils siègent en nombre égal : c'est un tribunal paritaire.
- Pour être électeur, il faut : avoir plus de 16 ans, exercer une activité professionnelle (avoir un contrat de travail ou d'apprentissage).
- Pour être éligible, il faut : avoir plus de 21 ans, être de nationalité française, être inscrit sur les listes prud'homales.

▬ Le conseil de prud'hommes est composé de cinq sections avec chacune huit conseillers (quatre employeurs et quatre salariés). En assemblée générale, le conseil élit pour un an le président et le vice-président général. Les présidents et vice-présidents de section sont également élus pour un an, alternativement employeur et salarié.

## Quelles sont les voies de recours ?

Le taux de compétence en dernier ressort est de 4 000 €. Au-delà, l'appel est possible. Le délai d'appel est indiqué sur la notification du jugement.

# L'ORGANISATION ET LA PROCÉDURE

## Organisation d'un conseil de prud'hommes

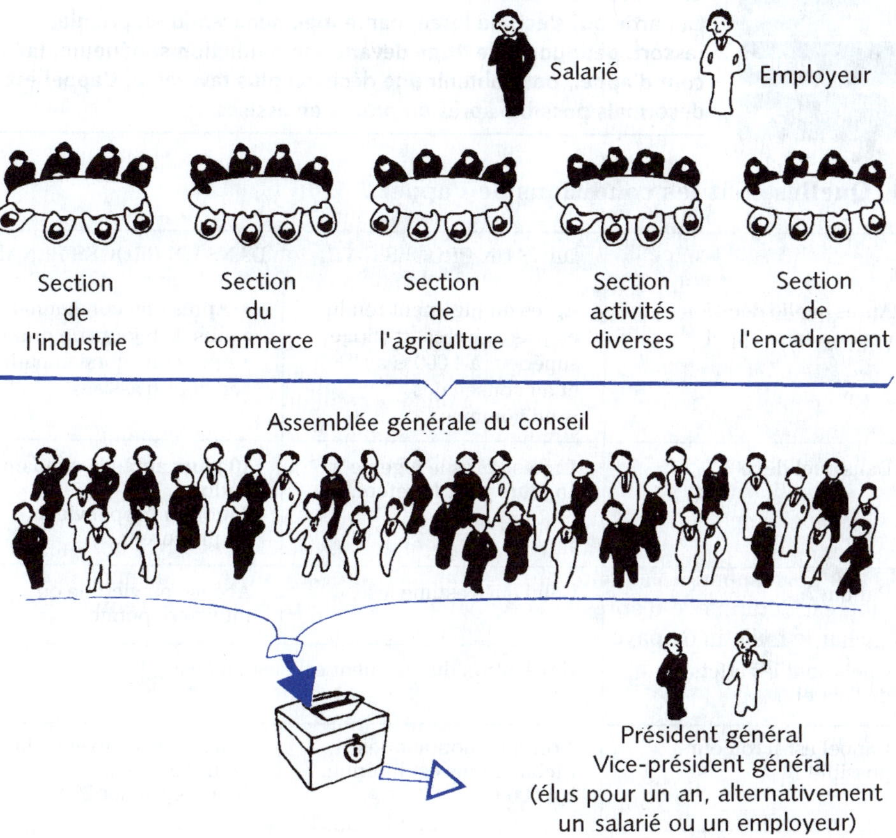


## La procédure

En cas d'urgence, le conseil décide dans un délai très court. C'est le référé prud'homal qui permet par exemple d'obtenir le paiement de salaire, les documents permettant de s'inscrire à l'ANPE et de toucher les indemnités de chômage.

Après une demande auprès du greffe du conseil, les parties sont convoquées pour **une conciliation** qui se déroule devant un conseiller prud'homme salarié et un conseiller prud'homme employeur et le greffier qui est un fonctionnaire. Salariés, apprentis ou employeurs peuvent se faire assister d'un délégué, du conjoint ou d'un avocat. En cas d'échec, l'affaire est renvoyée devant le bureau de jugement.

L'audience de **jugement** a lieu devant deux conseillers salariés, deux employeurs et le greffier. Les parties doivent être présentes ou se faire représenter, par un avocat, un délégué syndical, ou en cas de motif légitime, le conjoint mais en aucun cas le concubin. S'il y a partage des voix, on fait appel au juge d'instance pour trancher : il est le juge départiteur.

# La cour d'appel

**La partie qui s'estime lésée, par le jugement rendu en premier ressort, peut porter le litige devant une juridiction supérieure, la cour d'appel, pour obtenir une décision plus favorable. L'appel est désormais possible après un procès en assises.**

## Quelles sont les conditions de l'appel ?

| | DANS UN PROCÈS CIVIL | DANS UN PROCÈS PÉNAL |
|---|---|---|
| Après quelle décision peut-on faire appel ? | Après un jugement rendu en premier ressort (litige supérieur à 4 000 € au TI et au conseil des prud'hommes). | • Après une condamnation à plus de 5 jours de prison.<br>• Après une condamnation en cour d'assises. |
| Dans quel délai ? | 1 mois après le jugement.<br>15 jours pour le référé. | 10 jours après la condamnation.<br>2 mois si l'appel vient du procureur. |
| Par qui ? | Celui qui s'estime lésé. | Accusé ou victime ou ministère public. |
| Quels sont les effets de l'appel ? | L'exécution du jugement est suspendue. | |
| L'appel est-il toujours possible ? | Non si le montant des réclamations est inférieur à 4 000 € | Oui après un arrêt de la cour d'assises.<br>(depuis janvier 2001) |

## Quelle est la procédure ?

- Le déroulement du procès est identique à celui suivi devant le tribunal de grande instance [*p. 118*].
- Au civil, il faut un avoué qui rédige les actes et un avocat qui plaide et qui conseille.
- On reprend toute l'affaire. Les parties peuvent introduire de nouvelles demandes.

## Quelle peut être la décision ?

- La décision s'appelle un arrêt d'appel. Elle peut, soit confirmer le jugement précédent, soit aggraver ou diminuer la responsabilité, la peine ou l'amende.
- Le jugement est rendu en dernier ressort, seul le pourvoi en cassation [*p. 134*] est possible.

# L'ORGANISATION D'UNE COUR D'APPEL

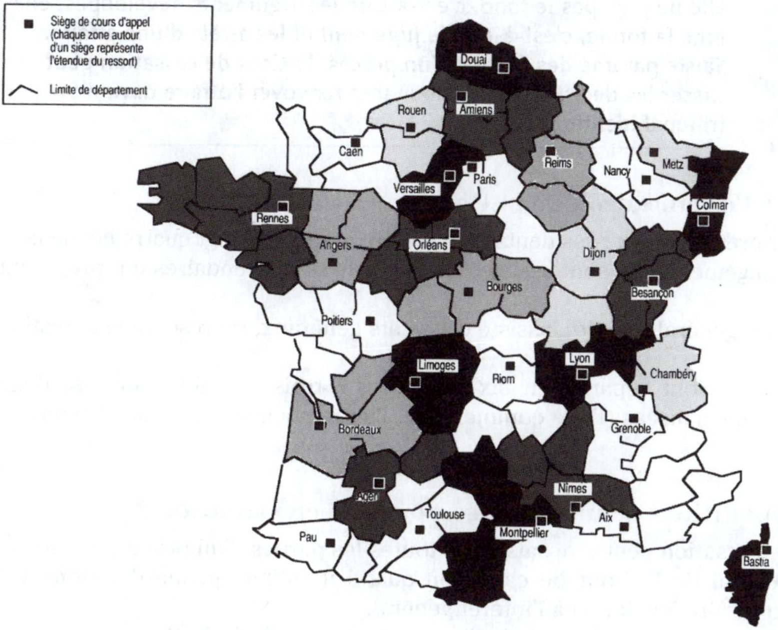


## L'organisation

La cour d'appel se divise en chambre civile, chambre correctionnelle et chambre sociale (appel pour les juridictions spécialisées). La Chambre des mises en accusation est une chambre de la cour d'appel.

En audience ordinaire, la chambre est formée par trois magistrats, elle en comporte cinq pour les affaires civiles renvoyées devant la cour d'appel par la Cour de cassation.

Le premier président et les magistrats de la cour d'appel sont appelés conseillers de cour d'appel. Ce sont des magistrats professionnels.

## Les régions judiciaires

Il y a 35 cours d'appel en France métropolitaine, elles regroupent plusieurs départements, mais le découpage est différent de celui des régions, ce sont les régions judiciaires.

## Y a-t-il d'autres recours que l'appel ?

*La tierce opposition* : c'est un recours peu fréquent fait par une personne qui n'était ni demandeur ni défendeur mais qui peut être concernée par la décision du juge. On recommence le procès.

*L'opposition* : la partie absente ou non représentée demande au tribunal qui a rendu un jugement que l'affaire soit à nouveau jugée. Il faut que l'absent ait une excuse valable et qu'il ne soit pas possible de faire appel. Le délai pour présenter l'opposition est de 1 mois pour les juridictions civiles, de 10 jours pour les juridictions pénales.

Lorsque l'opposition est acceptée par le tribunal, on reprend complètement le procès.

# La Cour de cassation

**Elle ne juge pas le fond, c'est-à-dire les arguments développés, elle juge la forme, c'est-à-dire le jugement et les arrêts d'une affaire. Saisie par une des parties d'un procès, la Cour de cassation peut casser les décisions d'un tribunal et renvoyer l'affaire devant un tribunal identique.**

## Quelle est l'organisation de la Cour de cassation ?

- Un premier président, six présidents de chambre et quatre-vingt quatre conseillers participent aux jugements. Ils sont assistés de conseillers référendaires qui préparent les dossiers.
- Un procureur général [*p. 110*], assisté d'avocats généraux, représente le ministère public.
- Les conseillers sont répartis en six chambres : trois chambres civiles, deux chambres civiles spécialisées (l'une commerciale, l'autre sociale), une chambre criminelle.

## Quelles conditions réunir pour se pourvoir en cassation ?

- La Cour de cassation peut être saisie par toutes les parties d'un procès, même par le procureur général de la Cour de cassation quand il estime qu'une décision, non contestée, est contraire à la loi ou à l'intérêt général.
- Le délai pour présenter un pourvoi est de cinq jours pour la justice pénale (cour d'assises) et de deux mois pour la justice civile.

## Quelle peut être la décision de la Cour de cassation ?

- Si la Cour de cassation trouve qu'il n'y a rien d'anormal dans la décision, elle rend un arrêt de rejet du pourvoi.
- Si elle trouve la réclamation justifiée, elle rend un arrêt qui annule le jugement et renvoie l'affaire devant une juridiction de même nature.

## Le procès en révision

- Si toutes les possibilités de recours sont épuisées, on peut dans des circonstances exceptionnelles demander qu'une décision soit annulée et que l'affaire soit rejugée.
- La révision est possible si l'on découvre de nouveaux éléments de preuve ou une fraude.
- Le délai est de deux mois après la découverte de l'élément nouveau. La Cour de cassation examine si la demande est fondée pour un nouveau jugement.
- Un recours ultime est possible auprès de la Commission européenne des droits de l'homme.

# LA PROCÉDURE

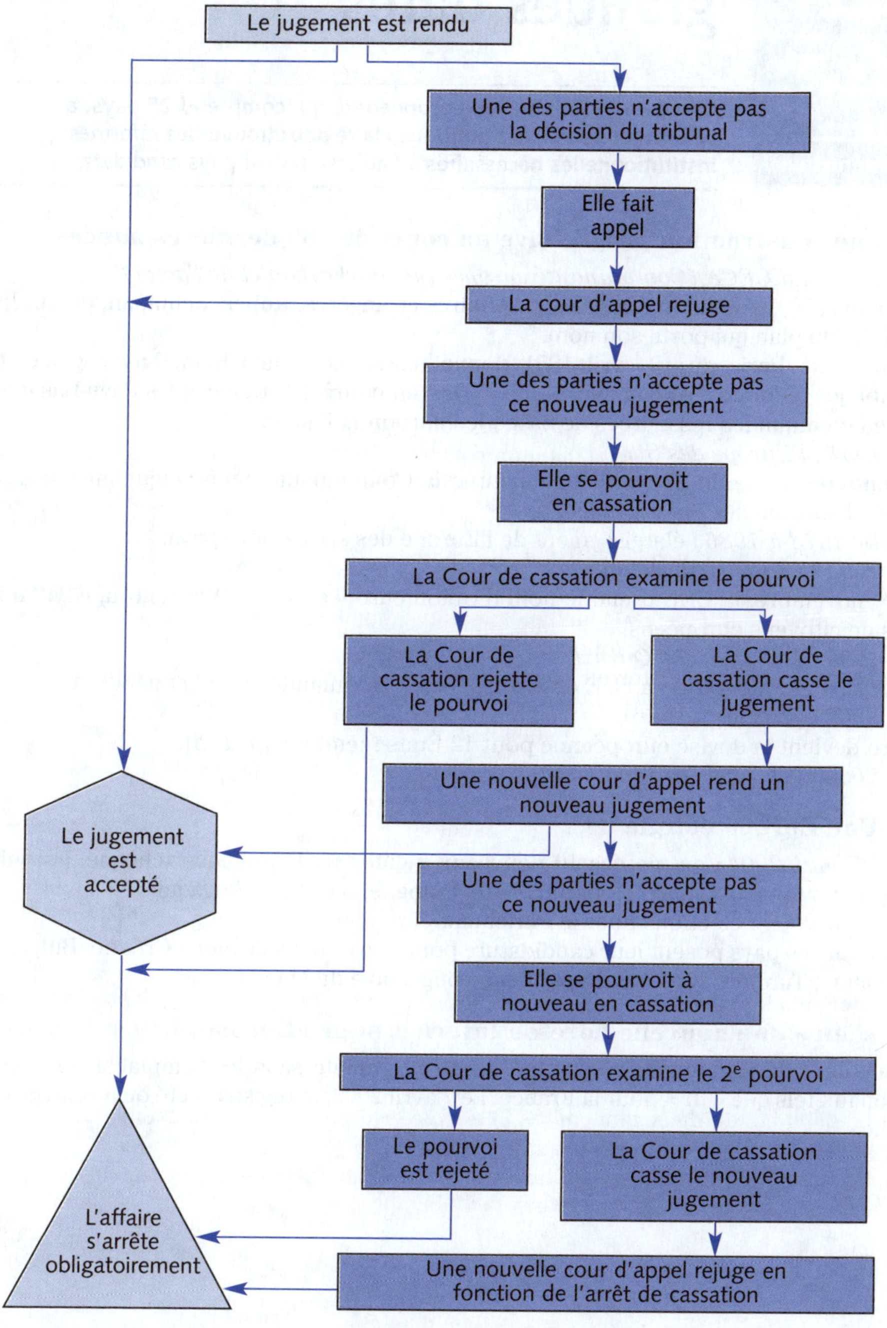

# L'Union européenne : grandes dates

**Créée en 1993, l'Union européenne, qui comprend 25 pays, a besoin d'une volonté politique claire pour trouver les réformes institutionnelles nécessaires à l'adhésion de 4 pays candidats.**

## Une construction progressive au cours des 50 dernières années

- *1951 : La CECA (Communauté européenne du charbon et de l'acier)*

Le 9 mai 1950, le ministre français des Affaires étrangères, Robert Schuman, définit les objectifs du plan qui porte son nom.

Le traité de Paris du 18 avril 1951 donne naissance à la CECA. La Belgique, la République fédérale d'Allemagne, l'Italie, le Luxembourg, la France et les Pays-Bas mettent en commun les ressources de base : le charbon et l'acier.

- *1957 : l'Europe des Six*

Le traité de Rome du 27 mars 1957 institue la Communauté économique européenne (CEE). L'Europe des Six est créée.

- *De 1973 à 1986* : élargissement de l'Europe des six à douze pays.
- *1993 : Union européenne*

Le 1er novembre, la CEE prend le nom d'Union européenne (UE) et regroupe 340 millions de citoyens européens.

- *1995 : L'Europe des Quinze*

Le 1er janvier, intégration à l'UE de l'Autriche, de la Finlande et de la Suède.

- *2002 : passage à l'euro*

L'euro devient la devise européenne pour 12 États membres [*p. 138*].

- *2004 : l'Europe des Vingt-cinq.*

## Une Europe élargie

- *1er mai 2004* : entrée des 10 nouveaux membres : République tchèque, Estonie, Chypre, Lettonie, Lituanie, Hongrie, Malte, Pologne, Slovénie, Slovaquie.
- *Juin 2004* : élections pour le Parlement européen.
- D'autres pays posent leur candidature pour entrer dans l'Union : Croatie, Bulgarie, Roumanie, Turquie, ancienne République yougoslave de Macédoine.

## « .eu » une nouvelle adresse Internet pour l'Europe

Depuis le 7 décembre 2005, le suffixe « .eu » complète sans les remplacer les codes nationaux tels que « .fr » pour la France. Le 7 avril 2006, le registre a été ouvert au grand public.

# L'EUROPE DES VINGT-CINQ

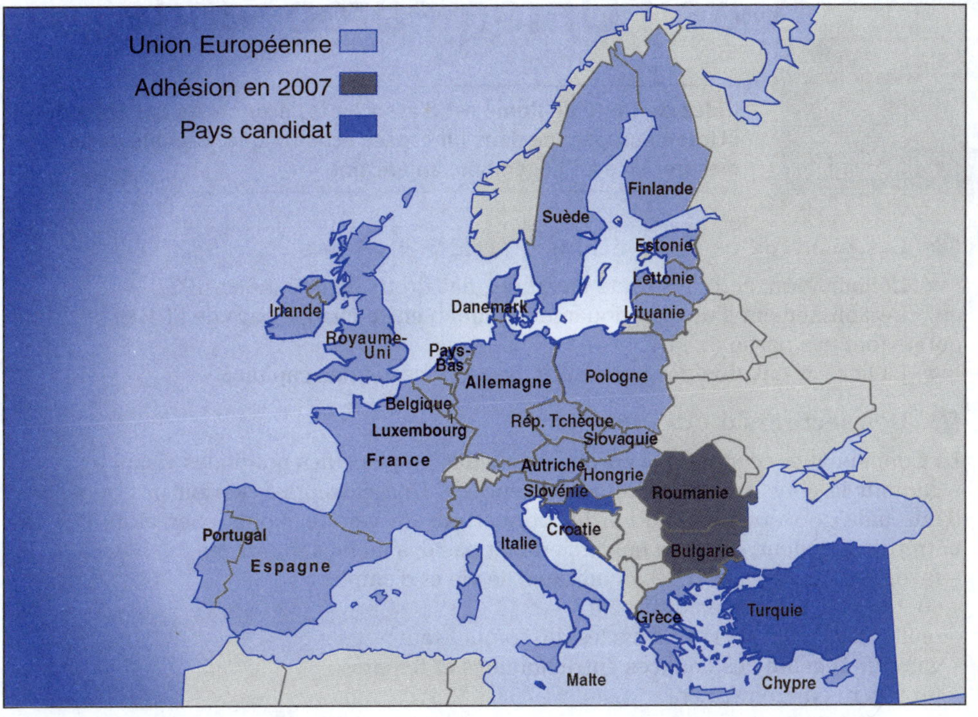


Les Açores, Madère, les Canaries, la Guadeloupe, la Martinique, la Réunion et la Guyane font également partie de l'Union européenne.

## Les dix nouveaux membres

| Pays | Capitale | Superficie (km²) | Population (millions) | Monnaie (1) |
|---|---|---|---|---|
| Chypre | Nicosie | 9 251 | 0,85 | livre chypriote |
| Estonie | Tallinn | 45 220 | 1,4 | couronne estonienne |
| Hongrie | Budapest | 93 030 | 10,2 | forint |
| Lettonie | Riga | 64 589 | 2,4 | lats letton |
| Lituanie | Vilnius | 65 300 | 3,7 | litas |
| Malte | La Valette | 316 | 0,4 | livre maltaise |
| Pologne | Varsovie | 312 680 | 38,6 | zloty |
| République tchèque | Prague | 78 880 | 10,3 | couronne tchèque |
| Slovaquie | Bratislava | 49 035 | 5,4 | couronne slovaque |
| Slovénie | Ljubljana | 20 270 | 2 | tolar |

(1) Ces pays ont vocation à intégrer la zone euro dans les prochaines années.

# Les interventions de l'Union européenne

**L'idée du traité de Rome est d'associer les économies des États de l'Union européenne dans un espace économique, capable de se mesurer face à l'hégémonie américaine.**

## Les principales dispositions du traité de Rome

- L'élimination, entre les États membres, des droits de douane en 1977.
- L'établissement d'un tarif douanier commun entre chaque pays de l'UE et les États qui ne font pas partie de l'UE.
- La libre circulation des personnes, des services et des capitaux.

## Des secteurs d'intervention

La Communauté économique européenne a mis en place des politiques visant à :
– garantir la concurrence entre les entreprises. Une entreprise ne doit pas bénéficier d'une aide gouvernementale qui lui permettrait de vendre moins cher alors que les entreprises concurrentes ne bénéficieraient pas des mêmes avantages ;
– favoriser l'amélioration des conditions de vie et d'emploi ;
– soutenir les régions en difficulté ;
– unifier les droits sociaux dans les différents États ;
– garantir l'égalité des chances entre hommes et femmes ;
– protéger l'environnement.

## Les finances

- L'Union européenne dispose de ressources financières :
– un pourcentage sur les TVA [*p. 63*] nationales ;
– les droits de douane et les prélèvements sur les marchandises importées des pays non membres de l'Union.
- Le budget de l'Union sert à financer la politique agricole, la politique régionale et la politique sociale.
- Le Fonds européen de développement ou FEDER, créé en 1974, vise à corriger les déséquilibres régionaux à l'intérieur de l'Union européenne en complétant, par une aide, les actions nationales.
- Le Fonds social européen ou FSE créé en 1958 vise à promouvoir la mobilité des travailleurs au sein de l'Union.

## La devise européenne : le deuxième pôle monétaire mondial

- Depuis 1999, l'euro facilite le commerce entre les pays membres et supprime les crises monétaires intra-européennes.
- L'Union économique et monétaire (UEM), créée par le traité de Maastricht en 1992, regroupe douze pays (le Royaume-Uni, le Danemark et la Suède ont choisi de rester à l'écart). La devise européenne constitue le deuxième pôle monétaire mondial en incluant dans sa zone d'influence les pays d'Europe centrale et orientale, et ceux d'Afrique centrale.

# LA CHARTE DES DROITS FONDAMENTAUX DE L'UNION EUROPÉENNE

Proclamée le 7 décembre 2000 à Nice, la charte reprend en un texte unique l'ensemble des droits civiques, politiques, économiques et sociaux des citoyens européens ainsi que de toutes personnes vivant sur le territoire de l'Union européenne.
Ces droits sont regroupés en six chapitres. Chaque chapitre comprend plusieurs articles.

## Chapitre I : dignité

Dignité humaine ; droit à la vie ; droit à l'intégrité de la personne ; interdiction de la torture et des peines ou traitements inhumains ou dégradants ; interdiction de l'esclavage et du travail forcé.

## Chapitre II : libertés

Droit à la liberté et à la sûreté ; respect de la vie privée et familiale ; protection des données à caractère personnel ; droit de se marier et droit de fonder une famille ; liberté de pensée, de conscience et de religion ; liberté d'expression et d'information ; liberté de réunion et d'association ; liberté des arts et des sciences ; droits à l'éducation ; liberté professionnelle et droit de travailler ; liberté d'entreprise ; droit de propriété ; droit d'asile ; protection en cas d'éloignement, d'expulsion et d'extradition.

## Chapitre III : égalité

Égalité en droit ; non-discrimination ; diversité culturelle, religieuse et linguistique ; égalité entre hommes et femmes ; droits de l'enfant ; droits des personnes âgées ; intégration des personnes handicapées.

## Chapitre IV : solidarité

Droit à l'information et à la consultation des travailleurs au sein de l'entreprise ; droit de négociation et d'actions collectives ; droit d'accès aux services de placement ; protection en cas de licenciement injustifié ; conditions de travail justes et équitables ; interdiction du travail des enfants et protection des jeunes au travail ; vie familiale et vie professionnelle ; Sécurité sociale et aide sociale ; protection de la santé ; accès aux services d'intérêt économique général ; protection de l'environnement ; protection des consommateurs.

## Chapitre V : citoyenneté

Droit de vote et d'éligibilité aux élections au Parlement européen ; droit de vote et d'éligibilité aux élections municipales ; droit à une bonne administration ; droit d'accès aux documents ; médiateur ; droit de pétition ; liberté de circulation et de séjour ; protection diplomatique et consulaire.

## Chapitre VI : justice

Droit à un recours effectif et à accéder à un tribunal impartial ; présomption d'innocence et droits de la défense ; principes de l'égalité et de proportionnalité des délits et des peines ; droit à ne pas être jugé ou puni pénalement deux fois pour une même infraction.

## Chapitre VII : dispositions générales

Champ d'application ; portée des droits garantis ; niveau de protection ; interdiction de l'abus de droit.

### Pour les étudiants

Des programmes d'échanges et de bourses existent (Erasmus, Leonardo). Consulter le portail Ploteus.
http : //europa.eu.int/ploteus

# Les institutions de l'Union européenne

**Les vingt-cinq États sont indépendants politiquement ; pourtant ils prennent un certain nombre de décisions applicables aux 456 millions de citoyens européens dans chaque État membre.**

## Le Conseil européen

Il réunit quatre fois par an les chefs d'État et de gouvernement.

## Le Conseil de l'Union européenne

- Le Conseil est composé de ministres (un par gouvernement) mais sa composition varie selon le sujet traité. Il réunit les ministres des Finances, les ministres de l'Agriculture... Il se réunit à Bruxelles. Chaque pays en exerce la présidence pour six mois par rotation.
- Il prend des décisions et adopte les lois communautaires. Les impulsions majeures du Conseil des ministres sont données par la réunion périodique des chefs d'État et de gouvernement désignée sous le nom de Conseil européen (né en 1974).

## La Commission européenne

- Elle comprend 25 membres, appelés commissaires (un par État membre), nommés pour cinq ans, d'un commun accord, par tous les États membres. Ils doivent agir en toute indépendance. La Commission européenne siège à Bruxelles.
- Elle propose les « lois communautaires », veille au respect des traités. Elle cherche à concilier les points de vue des États membres et joue un rôle important dans les négociations. Elle est aussi l'exécutif de la communauté. Elle est responsable devant le Parlement.

## Le Parlement européen

- Avec l'entrée de nouveaux membres, le nombre des parlementaires européens est porté à 732 députés. Ils sont élus, depuis 1979, tous les cinq ans, au suffrage universel [*p. 21*], par les citoyens de la communauté. Il tient ses sessions plénières à Strasbourg. Son secrétariat général est installé à Luxembourg. La France compte 78 députés européens.
- Il contrôle l'action de la Commission, qu'il peut censurer, et veille à l'intérêt communautaire. Il donne son avis sur les propositions de la Commission avant que le Conseil des ministres ne prenne sa décision. C'est lui qui, en dernier ressort, arrête le budget de l'Union adopté par le Conseil. Il partage la fonction législative avec le Conseil.

## Drapeau et hymne

- La devise est « Unie dans la diversité ».
- Le drapeau européen comptera toujours 12 étoiles (nombre fixe indépendant du nombre d'États adhérents).
- L'hymne européen (« Ode à la joie ») est une adaptation de la 9ᵉ symphonie de Beethoven.
- Le 9 mai devient journée de l'Europe.

# LES AUTRES INSTITUTIONS

## La Banque Centrale Européenne (BCE)

Elle définit et met en œuvre la politique monétaire unique en euro (12 membres ont adopté l'euro). La BCE siège à Francfort.

## La Banque Européenne d'Investissement (BEI)

Institution financière de l'Union européenne siégeant à Luxembourg, la BEI a pour mission de favoriser le développement équilibré et la cohésion des États membres. Établissement bancaire, elle emprunte des fonds sur les marchés des capitaux qu'elle utilise pour financer des investissements dans le cadre des objectifs de la politique européenne.

## La Cour de justice

Elle comprend 1 juge par État, assisté d'avocats généraux nommés pour 6 ans.
Elle siège à Luxembourg.
Elle assure le respect du droit européen dans chaque État membre et se prononce sur les litiges concernant l'application des traités.

## La Cour des comptes

Elle est formée d'un représentant de chaque État, désigné pour 6 ans.
Elle siège à Luxembourg.
Elle contrôle la gestion des finances communautaires.

## Le Comité économique et social

Il est formé de 222 représentants des différentes catégories intéressées de la vie économique et sociale (syndicats, patronat, consommateurs...).
Il siège à Bruxelles.
Il est consulté avant l'adoption de nombreuses décisions.

## Le Comité des régions

Il veille au respect des identités régionales.

## Le médiateur européen

Il peut être saisi par toute personne s'estimant victime d'un acte de mauvaise administration de la part d'une institution communautaire. Le médiateur est élu par le Parlement européen pour 5 ans. Son mandat est renouvelable.

## Europol et Eurojust

Ils ont été institués pour aider les États membres à lutter contre le crime international organisé.

### Constitution européenne

Les résultats du référendum en France : les Français se sont prononcés le dimanche 29 mai 2005 contre la ratification du traité de constitution européenne avec 54,67 % de Non.

# L'ONU : origine et principes

**L'Organisation des Nations Unies, désignée plus souvent sous le sigle de ONU, est née en 1945. Elle a succédé à la Société des Nations ou SDN.**

## L'origine de l'ONU

L'expression « Nations Unies » est du président Franklin D. Roosevelt. Dès août 1941, Winston Churchill et Franklin Roosevelt, dans la « Charte de l'Atlantique », annoncent au monde leur volonté de créer à la fin de la guerre une organisation capable de préserver la paix.

En janvier 1942, les représentants des gouvernements de 26 nations signent « La Déclaration des Nations Unies » dans laquelle ils s'engagent à poursuivre ensemble la guerre contre les puissances de l'Axe.

Les conférences de Moscou (novembre 1943), Téhéran (janvier 1944), Dumbarton Oaks (août-octobre 1944) et Yalta (février 1945) étudient les principes d'une vaste organisation internationale destinée à maintenir la paix et la sécurité.

La Charte des Nations Unies a été signée le 26 juin 1945, à San Francisco, par les représentants de 50 nations. (La Pologne, qui n'avait pas été représentée à la Conférence, a signé la Charte plus tard mais est néanmoins considérée comme l'un des 51 membres originaires.)

L'Organisation des Nations Unies a officiellement commencé d'exister le 24 octobre 1945, la Charte ayant été ratifiée par la Chine, les États-Unis, la France, le Royaume-Uni et l'URSS et par la majorité des autres pays signataires.

## Le rôle et les principes de l'ONU

Les buts de l'ONU sont les suivants :

- maintenir la paix et la sécurité internationales,
- développer entre les nations des relations amicales,
- réaliser la coopération internationale en résolvant les problèmes internationaux d'ordre économique, social, culturel ou humanitaire et en développant le respect des droits de l'homme [*p. 8*] et des libertés fondamentales,
- être un centre où s'harmonisent les efforts des nations pour un monde meilleur.

L'Organisation des Nations Unies est fondée sur le principe de l'égalité et de la souveraineté de ses membres. Les États membres doivent régler leurs différends de manière pacifique.

L'ONU ne peut intervenir dans les affaires intérieures d'un État.

Le 24 octobre est célébrée chaque année la journée des Nations-Unies.

# Le fonctionnement de l'ONU

## Les membres et leur rôle

Les États qui désirent devenir membres de l'ONU doivent accepter les principes de la Charte. Ils sont admis par décision de l'Assemblée générale sur recommandation du Conseil de sécurité de l'ONU.

Les États membres peuvent être suspendus ou exclus par l'Assemblée générale sur recommandation du Conseil de sécurité.

Chaque membre dispose d'une voix.

Les langues officielles sont : l'anglais, l'arabe, le chinois, l'espagnol, le français, le russe.

Les langues de travail sont l'anglais et le français.

Le budget de l'ONU repose sur la participation des États membres. Cette participation est fixée par un comité des contributions en fonction de la population et du PIB des membres.

## Les casques bleus

Le terme de casque bleu apparaît en 1956, quand l'Assemblée générale de l'ONU envoie une force d'urgence des Nations Unies pour surveiller le cessez-le-feu après l'expédition franco-anglaise de Suez.

Les différents types d'opérations des casques bleus :
- des groupes d'observateurs
- des opérations pour rétablir l'ordre
- des missions de bons offices
- des groupes d'assistance
- des observateurs militaires
- des forces chargées du maintien de la paix
- des missions de vérification (pour surveiller des élections)
- des forces de protection (Forpronu) pour assurer le cessez-le-feu et l'acheminement de l'aide humanitaire.

Au 31 décembre 2005, 84 927 militaires, policiers et civils, venus de 108 pays, protègent des populations en danger pour rendre possible le retour à la paix.

### Le saviez-vous ?

Le prix Nobel de la paix a été décerné cinq fois à des entités et des personnalités des Nations Unies :
- au Haut Commissariat des Nations Unies pour les Réfugiés (HCR) en 1954 et 1981,
- à l'UNICEF en 1965,
- à l'Organisation internationale du Travail (OIT) en 1969,
- aux Forces de maintien de la paix en 1988,
- à Kofi Annan et l'ONU en 2001.

# Les organes de l'ONU

**Depuis l'adoption de la Charte des Nations Unies à San Francisco en 1945, le monde a connu des mutations profondes : armement atomique, processus de décolonisation, effondrement du bloc communiste. Au centre de cette mutation et des tendances contradictoires se trouve l'Organisation des Nations Unies.**

## L'Assemblée générale

- Elle est composée des représentants de tous les pays membres de l'ONU. À sa première réunion à Londres en 1946, l'Assemblée générale comptait 51 membres, elle en compte actuellement 192. Grand ou petit, riche ou pauvre, un pays dispose d'une seule voix.
- Elle siège habituellement à New York.

L'Assemblée générale, qui tient une session ordinaire annuelle, est la seule instance mondiale où sont examinés les grands problèmes internationaux (course aux armements, croissance démographique, environnement, développement économique, condition des enfants, des femmes...).

- Elle élit, sur proposition du Conseil de sécurité, le secrétaire général de l'ONU, les membres non permanents des différents organes, les juges de la Cour internationale, vote l'admission des nouveaux membres et arrête le budget de l'Organisation.
- Les recommandations relatives à la paix et la sécurité internationales et l'admission de nouveaux membres sont prises à la majorité des deux tiers.

## Le Conseil de sécurité

- Le Conseil se compose de quinze membres. Cinq d'entre eux sont membres permanents : la Chine, les États-Unis, la France, le Royaume-Uni, la Fédération de Russie. Les dix autres membres sont élus par l'Assemblée générale pour deux ans.
- Le Conseil de sécurité est chargé du maintien de la paix et de la sécurité internationales. Tandis que les autres organes de l'ONU adressent aux gouvernements des recommandations, le Conseil est le seul à pouvoir prendre des décisions ayant force obligatoire et à les faire appliquer par des voies allant de la négociation aux sanctions économiques et à la force armée d'observation (« les casques bleus »).
- Les décisions doivent être prises sur un vote affirmatif de neuf membres dans lequel doivent figurer les votes affirmatifs des cinq membres permanents. C'est la règle de l'unanimité des grandes puissances que l'on appelle le « veto ». L'utilisation par l'un des cinq membres permanents de son droit de veto (vote négatif) bloque les débats et empêche la décision.

## Le Commission de consolidation de la paix

Elle aura pour mission de mobiliser les ressources à la disposition internationale et de proposer des stratégies intégrées sur le rétablissement de la paix après un conflit. Elle comprend un comité d'organisation constitué de 31 membres, et des comités propres à chaque pays.

# LES AUTRES ORGANES DE L'ONU

## Le Conseil économique et social

Composé de 54 membres élus pour 3 ans et renouvelable par tiers tous les ans, il se réunit un mois par an.
Il reçoit mandat de l'Assemblée générale pour coordonner les activités de l'ONU dans le domaine économique et social auquel vont plus de 80 % des ressources de l'ONU. De nombreuses institutions spécialisées lui sont rattachées (UNESCO, FAO, OMS, OIT...).

## La Cour internationale de justice

La Cour internationale de justice, dont le siège est à La Haye, est composée de quinze juges élus pour 9 ans, conjointement par l'Assemblée générale et le Conseil de sécurité.
Elle juge les différends que peuvent lui soumettre les États. Elle rend des arrêts clarifiant des questions juridiques internationales. Elle rend aussi des avis consultatifs.

## Le Secrétariat

Doté d'un personnel recruté dans le monde entier, le Secrétariat est dirigé par un Secrétaire général qui applique les directives des autres organes de l'ONU et sert de porte-parole à l'organisation. Il est élu pour cinq ans par l'Assemblée générale, sur recommandation du Conseil de sécurité et il est rééligible.

## Du tribunal pénal international à la Cour pénale internationale

Le tribunal pénal international pour le Rwanda et celui pour l'ex-Yougoslavie ont été créés pour condamner les responsables des atteintes aux Droits de l'homme sur ces territoires.
La Cour a pour compétence les affaires qui relèvent du crime de génocide, des crimes de guerre et des crimes contre l'humanité. Créée en juillet 1998 par 160 pays, elle a pour siège La Haye (Pays-Bas).

### Les secrétaires généraux de l'ONU depuis 1946

www.un.org

| | |
|---|---|
| 1946-1952 : | Trygve Lie (Norvégien) |
| 1953-1961 : | Dag Hammarskjöld (Suédois) |
| 1961-1971 : | U Thant (Birman) |
| 1972-1981 : | Kurt Waldheim (Autrichien) |
| 1982-1991 : | Javier Perez de Cuellar (Péruvien) |
| 1992-1997 : | Boutros Boutros-Ghali (Égypte) |
| 1997-2001 : | Kofi Annan (Ghanéen) |
| 2002-12.2006 : | Kofi Annan (Ghanéen) |

# ONU : organes spécialisés

**L'ONU intervient pour aider les pays en voie de développement. Son aide revêt différents aspects : enseignement, encadrement, aide financière, programme alimentaire... Ces réalisations sont l'œuvre des institutions spécialisées rattachées pour la plupart au Conseil économique et social de l'ONU.**

## L'OMS ou Organisation mondiale de la santé

- Son siège est à Genève (www.who.ch).
- Son but est d'amener tous les peuples au niveau de santé le plus élevé.

## La FAO ou Organisation pour l'alimentation et l'agriculture

- Son siège est à Rome (www.fao.org).
- Son but est d'améliorer le développement agricole des pays en voie de développement en leur apportant une aide technique.

## L'UNESCO ou Organisation pour l'éducation, la science et la culture

- Son siège est à Paris (www.unesco.org).
- Son but est de contribuer à la paix en développant la collaboration des nations dans les domaines de l'alphabétisation, de la protection du patrimoine culturel, des droits de l'homme.

## L'OIT ou Organisation internationale du travail

- Son siège est à Genève (www.ilo.org).
- Son but est l'élaboration d'un droit international du travail et d'un programme d'amélioration des conditions de travail.

## Le FMI ou Fonds monétaire international

- Son siège est à Washington (www.imf.org).
- Son rôle est de faciliter le bon fonctionnement des mécanismes monétaires entre les pays pour éviter une crise monétaire internationale.

## La Banque Mondiale

- Son siège est à Washington (www.banquemondiale.org).
- Son but est d'aider, par des prêts et une assistance technique, les pays en développement à s'engager dans la voie d'une croissance économique.
- La BIRD (Banque internationale pour la reconstruction et le développement) a été créée en 1944 pour aider à la reconstruction et au développement des territoires de ses membres.

## L'OMC ou Organisation mondiale du commerce

- Son siège est à Genève (www.wto.org).
- Créée en janvier 1995, son but est de permettre aux 143 pays membres (Chine comprise) de régir leurs échanges commerciaux. Les accords de l'OMC constituent les règles juridiques pour la libéralisation du commerce international.

# LE SYSTÈME DES NATIONS UNIES

| COUR INTERNATIONALE DE JUSTICE | ASSEMBLÉE GÉNÉRALE | CONSEIL ÉCONOMIQUE ET SOCIAL | CONSEIL DE SÉCURITÉ | SECRÉTARIAT | CONSEIL DE TUTELLE |
|---|---|---|---|---|---|

**■ ORGANES SUBSIDIAIRES**

Grandes commissions et autres comités de session
Comités permanents et organes ad hoc
Autres organes subsidiaires et organes apparentés

**■ PROGRAMMES ET FONDS**

**CNUCED** Conférence des Nations Unies sur le commerce et le développement

**CCI** Centre de commerce international (CNUCED/OMC)

**PNUCID** Programme des Nations Unies pour le contrôle international des drogues

**PNUE** Programme des Nations Unies pour l'environnement

**UNICEF** Fonds des Nations Unies pour l'enfance

**PNUD** Programme des Nations Unies pour le développement

**UNIFEM** Fonds de développement des Nations Unies pour la femme

**VNU** Volontaires des Nations Unies

**FENU** Fonds d'équipement des Nations Unies

**FNUAP** Fonds des Nations Unies pour la population

**HCR** Haut Commissariat des Nations Unies pour les réfugiés

**PAM** Programme alimentaire mondial

**UNRWA** Office de secours et de travaux des Nations Unies pour les réfugiés de Palestine dans le Proche-Orient

**ONU-HABITAT** Programme des Nations Unies pour les établissements humains (PNUEH)

**■ AUTRES ORGANISMES DE L'ONU**

**HCDH** Haut Commissariat aux droits de l'homme

**UNOPS** Bureau des Nations Unies pour les services d'appui aux projets

**UNU** Université des Nations Unies

**ECSNU** École des cadres du système des Nations Unies

**ONUSIDA** Programme commun des Nations Unies sur le VIH/sida

**■ INSTITUTS DE RECHERCHE ET DE FORMATION**

**UNICRI** Institut interrégional de recherche des Nations Unies sur la crimilalité et la justice

**UNITAR** Institut des Nations Unies pour la formation et la recherche

**UNRISD** Institut de recherche des Nations Unies pour le développement social

**UNIDIR** Institut des Nations Unies pour la recherche sur le désarmement

**INSTRAW** Institut international de recherche et de formation pour la promotion de la femme

**■ INSTITUTIONS SPECIALISÉES**

**OIT** Organisation internationale du Travail

**FAO** Organisation des Nations Unies pour l'alimentation et l'agriculture

**UNESCO** Organisation des Nations Unies pour l'éducation, la science et la culture

**OMS** Organisation mondiale de la santé

**■ GROUPE DE LA BANQUE MONDIALE**

**BRID** Banque internationale pour la reconstruction et le développement

**AID** Association internationale de développement

**SFI** Société financière internationale

**AMGI** Agence multilatérale de garantie des investissements

**CIRDI** Centre international pour le règlement des différends relatifs aux investissements

**FMI** Fonds monétaire international

**OACI** Organisation de l'aviation civile internationale

**OMI** Organisation maritime internationale

**UIT** Union internationale des télécommunications

**UPU** Union postale universelle

**OMM** Organisation météorologique mondiale

**OMPI** Organisation mondiale de la propriété intellectuelle

**FIDA** Fonds international de développement agricole

**ONUDI** Organisation des Nations Unies pour le développement industriel

**OMT** Organisation mondiale du tourisme

**■ ORGANISATIONS APPARENTÉES**

**OMC** Organisation mondiale du commerce

**AIEA** Agence internationale de l'énergie atomique

**OTICE** Com.prép Commission préparatoire de l'Organisation du Traité d'interdiction complète des essais nucléaires

**OIAC** Organisation pour l'interdiction des armes chimiques

# L'OTAN

**L'Organisation du traité de l'Atlantique Nord est née après la Seconde Guerre mondiale et crée une alliance militaire qui compte aujourd'hui 26 États. Le rôle principal des forces armées de l'OTAN est de garantir la sécurité et l'intégrité territoriale des États membres. Son siège est à Bruxelles.**

## La création de l'OTAN et son élargissement

- Le traité de l'Atlantique Nord ou « pacte atlantique » fut signé le 4 avril 1949 à Washington entre la Belgique, le Canada, le Danemark, les États-Unis, la France, l'Islande, l'Italie, le Luxembourg, la Norvège, les Pays-Bas, le Portugal et le Royaume-Uni. La Grèce et la Turquie adhèrent en 1952, l'Allemagne fédérale en 1955, l'Espagne en 1982, la Pologne, la République tchèque et la Hongrie en mars 1999. En 2004 sept pays sont devenus membres : Bulgarie, Estonie, Lettonie, Lituanie, Roumanie Slovaquie, Slovénie.
- La France reste membre de l'alliance politique mais ne participe plus au système de défense depuis 1966.

## Le but de l'OTAN

- Le traité de l'Atlantique Nord est un traité d'alliance contre toute attaque armée du territoire de l'un des États signataires en Europe ou en Amérique du Nord.
- Cette organisation était née de la volonté des Américains de contenir la poussée du communisme en Europe et de la crainte des Européens de ne pouvoir seuls résister à cette pression. Depuis la fin de la division idéologique et militaire entre l'Est et l'Ouest, la Russie a adhéré à une programmation de coopération militaire. L'élargissement dans l'Alliance Atlantique des états issus de l'ex-bloc communiste est en cours.

## L'organisation de l'OTAN

- Le Conseil de l'Atlantique Nord est composé des représentants des vingt-six gouvernements. Il se réunit deux fois par an. Il reçoit les avis du comité militaire composé des représentants des états-majors. Son siège est fixé à Bruxelles.
- L'OTAN dispose de forces de moyenne portée ayant un rôle de dissuasion et des forces nucléaires tactiques.

## Les relations entre l'Union Européenne et l'OTAN

L'OTAN, organisation militaire, reste le fondement de la défense collective de l'Europe. La complémentarité avec l'UE, qui n'est pas une alliance militaire, doit aboutir à un important partenariat stratégique pour définir de nouvelles formes de coopération en matière de défense militaire.

## L'Europe et la défense

L'UE dispose d'une force d'intervention capable de se déployer sur le territoire européen en moins de 60 jours pour accomplir des missions humanitaires, de maintien et de rétablissement de la paix.

# ÉLARGISSEMENT ET TRANSFORMATION DE L'OTAN

- **4 avril 1949**
Traité de Washington, création de l'Organisation du traité de l'Atlantique Nord.

- **5 mai 1955**
Adhésion de l'Allemagne fédérale.

- **10 mars 1966**
La France quitte le commandement militaire intégré (elle assiste de nouveau à ses sommets depuis 1994).

- **9 novembre 1989**
Chute du mur de Berlin.

- **3 octobre 1990**
Réunification allemande, le territoire de l'ex-RDA est rattaché à l'OTAN.

- **16 février 2004**
Élargissement à la Bulgarie, Lestonie, Lettonie, Lituanie, Roumanie, Slovaquie, Slovénie.

### Redéploiement des pays de l'OTAN

Suite à un accord signé en décembre 2005, les USA disposent de 4 bases militaires en Roumanie pour y stationner 1 500 hommes.

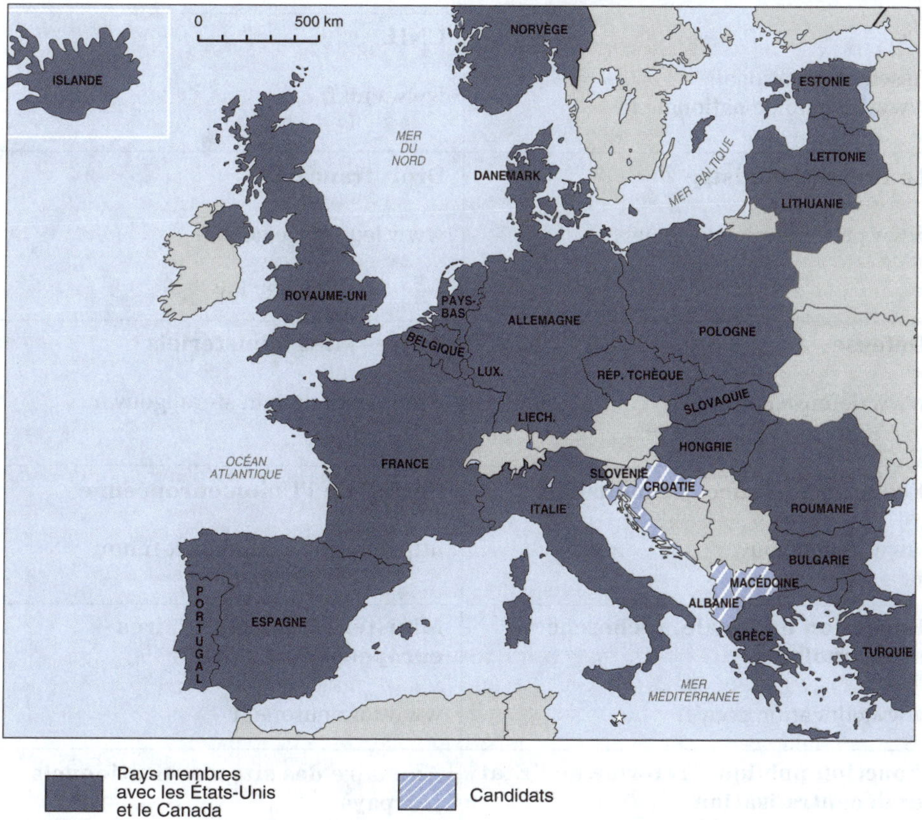


Les principales bases de l'OTAN se situent en Grande-Bretagne, Islande, Groenland, Italie, Espagne, Turquie, Chypre, Maroc.

# Comment obtenir rapidement des informations

## Par Internet : sites institutionnels

| | |
|---|---|
| **Le Président de la République**<br>Présidence de la République<br><br>www.elysee.fr | **Intérieur**<br><br>www.interieur.gouv.fr |
| **Le Parlement**<br><br>Sénat<br>www.senat.fr<br><br>Assemblée nationale<br>www.assemblee-nationale.fr | **Justice**<br><br>www.justice.gouv.fr<br><br>**CNIL**<br><br>www.cnil.fr |
| **Le Premier ministre**<br><br>www.premier-ministre.gouv.fr | **Droit français**<br><br>www.legifrance.gouv.fr |
| **Défense**<br><br>www.defense.gouv.fr | **Autres sites ministériels**<br><br>www.[nom du ministère].gouv.fr |
| **Économie, finances et industrie**<br><br>www.minefi.gouv.fr | **Portail de l'Union européenne**<br><br>http://europa.eu.int/index-fr.htm |
| **Éducation nationale, recherche et technologie**<br><br>www.education.gouv.fr | **Ministère français/Affaires européennes**<br><br>www.info-europe.fr |
| **Fonction publique, réforme de l'État et décentralisation**<br><br>www.fonction-publique.gouv.fr<br>www.retraites.gouv.fr | **Annuaire des sites institutionnels par pays**<br><br>www.gksoft.com/govt/en |

## Par Internet : vie pratique

| |
|---|
| **Site de l'administration française**<br>Annuaire des sites internet publics<br>www.service-public.fr |
| **Site pour les collectivités locales**<br>www.ternova.com |
| **Emploi**<br>www.anpe.fr |
| **Centre d'information sur les droits de la femme**<br>www.infofemmes.com |
| **Conseils et démarches lors d'un décès**<br>www.afif.asso.fr |
| **Pratique et familial**<br>www.dossierfamilial.com |
| **Administration fiscale**<br>www.impots.gouv.fr |
| **Monde de la politique**<br>www.professionpolitique.com |
| **La politique en jeux**<br>www.politicmania.com |

## Par téléphone

Service du Premier ministre, les centres interministériels de renseignements administratifs (CIRA), vous donnent une réponse personnalisée à toutes vos interrogations sur les domaines suivants : affaires sociales et santé, concurrence et consommation, douanes, éducation nationale, emploi et formation professionnelle, équipement, fiscalité, fonction publique, intérieur et collectivités locales, justice, Sécurité sociale, travail, trésor, urbanisme et logement.

- Allô Service-Public du lundi au vendredi de 8 h à 19 h et le samedi de 9h à 13 h. Un seul numéro d'appel :
3939 (0,12 €/min)

## Par le *Journal officiel*

L'ensemble des textes législatifs et réglementaires de la République française est disponible :

– à la librairie du Journal officiel (du lundi au vendredi de 8 h 30 à 17 h 15)
26, rue Desaix, 75015 Paris
Tél 01 40 58 75 00

– par correspondance
Service information/Diffusion
26, rue Desaix 75727 Paris Cedex 15

– par internet
www.journal-officiel.gouv.fr

– dans votre mairie.

# Quelques démarches de la vie courante

| Démarches | Où en faire la demande ? Coût | Durée de validité | Délai / Observations |
|---|---|---|---|
| Carte nationale d'identité | Mairie (en aucun cas obligatoire sur le territoire national) Gratuit | 10 ans | 6 semaines. Fournir un extrait d'acte de naissance. |
| Passeport | Mairie - Préfecture Sous-préfecture Timbre fiscal | 5 ans | 10 jours à 3 semaines. À retirer soi-même. |
| Permis de conduire | Par l'intermédiaire d'une auto-école ou en candidat libre à la préfecture ou sous-préfecture du domicile Gratuit | illimitée | 2 à 6 semaines après la réussite. En cas de changement matrimonial (mariage, divorce), l'obtention d'un nouveau formulaire est gratuite. |
| Carte grise | Préfecture, sous-préfecture du domicile (à Paris, mairie du domicile) Taxe régionale | illimitée | D'immédiat à 48 h. En cas de changement de domicile, l'obtention d'une nouvelle carte est gratuite. |
| Extrait d'un acte de l'état civil : naissance - mariage - décès | À la mairie où l'acte a été fait Gratuit | 3 mois | 48 h à 8 jours. Pour une demande écrite, joindre une enveloppe timbrée pour la réponse. |
| Acte de naissance | par Internet www.acte-naissance.fr | – | réception par courrier |
| Certificat de nationalité | Greffe du tribunal d'instance du lieu du domicile | illimitée | 8 jours. Livret de famille ou acte de naissance. |
| Attestion de domicile | Par une déclaration sur l'honneur | – | Mais il est souvent exigé la présentation d'une quittance (loyer, EDF). |
| Carte de séjour | Préfecture | 1 an | Autorisation de résidence en France pour un étranger. |

| Démarches | Où en faire la demande ? Coût | Durée de validité | Délai / Observations |
|---|---|---|---|
| Extrait de casier judiciaire | Casier judiciaire national<br>107, rue de Landreau<br>44079 Nantes Cedex<br>cjn.justice.gouv.fr<br>Gratuit | 3 mois | 1 à 3 semaines.<br>Joindre une fiche individuelle d'état civil plus une enveloppe timbrée à votre adresse.<br>www.justice.gouv.fr |
| Carte d'électeur | Mairie du domicile<br>S'inscrire sur les listes électorales avant le 31 décembre précédant les élections.<br>Gratuit | – | Pour être électeur :<br>– être de nationalité française ;<br>– avoir 18 ans ;<br>– jouir de ses droits civils et politiques. |
| Copie certifiée conforme | Mairie ou commissariat ou gendarmerie<br>Gratuit | – | Immédiat ou 24 h.<br>Présenter l'original et la photocopie. |
| Permis de chasser | Mairie ou préfecture<br>Payant | – | Permis antérieur, attestation d'assurance. |
| Permis de pêche | Association de pêche (le plus souvent chez un marchand d'articles de pêche)<br>Payant | 1 an | Aucun.<br>La taxe varie en fonction de de la catégorie des rivières. |
| Autorisation de sortie du territoire | Mairie du domicile | – | Immédiat.<br>Présenter la carte d'identité du mineur et le livret de famille. |
| Extrait actes naissance - mariage - décès à l'étranger | Service central de l'état civil<br>BP 1056<br>44035 NANTES CEDEX | | |
| Certificat d'hérédité | Mairie du domicile du défunt ou des héritiers | illimitée | Immédiat.<br>Livret de famille du défunt. |
| Testament | Notaire ou rédigé par vous-même | illimitée | Disposition pour régler la succession de vos biens. |

## Pour tout savoir

Vous trouverez l'essentiel des formulaires, les conseils pratiques indispensables et les adresses locales sur le site www.service-public.fr

# Quels papiers conserver ?

| Quels papiers ? | Combien de temps ? | À quoi servent-ils ? |
|---|---|---|
| **Votre état civil**<br>Livret de famille<br>Contrat de mariage | Indéfiniment<br>À vie | Remis aux époux le jour du mariage.<br>Délivré par le notaire. |
| **Pacte civil de solidarité (PACS)**<br>Contrat entre 2 personnes de sexe différent ou de même sexe | Indéfiniment | Enregistré au greffe du tribunal d'instance, ouvre des droits nouveaux et organise la vie commune. |
| **Votre parcours de citoyenneté**<br>Attestation de recensement<br>Certificat de participation à la journée d'appel de préparation à la défense | Indéfiniment | Remis par la mairie de votre domicile, et après la journée d'appel, ces deux documents sont indispensables pour passer un examen ou un concours public. |
| **Vos études**<br>Les diplômes | Indéfiniment | Ils attestent de votre qualification professionnelle, de votre niveau d'études. Ne jamais donner l'original ! |
| **Votre travail**<br>Bulletins de paie | Indéfiniment | Ils permettent de faire valoir vos droits à la retraite et de calculer le montant de votre pension. |
| Contrats et certificats de travail, allocations chômage | Jusqu'à la retraite | Ils vous permettent d'attester de votre qualification professionnelle et des fonctions que vous avez occupées. |
| **Votre santé**<br>Dossiers médicaux importants<br>Carte vitale | Indéfiniment | Ils permettent de connaître l'état des maladies infectieuses ou chroniques, les opérations chirurgicales subies. |
| **Votre logement**<br>Titre de propriété | Indéfiniment | Atteste la propriété du bien immobilier (original conservé par le notaire). |
| Bail, quittances de loyer et de charges | 5 ans | Le propriétaire dispose de ce délai pour réclamer des sommes dues. |
| Factures travaux | 10 ans | Si couverts par la garantie décennale. |

| Quels papiers ? | Combien de temps ? | À quoi servent-ils ? |
|---|---|---|
| **Votre automobile**<br>La facture d'achat | Jusqu'à la revente et au moins 2 ans | Article du Code civil. |
| Certificat de situation administrative (non gage) | Validité 1 mois | Délivré par la préfecture au propriétaire du véhicule. |
| Certificat de cession d'un véhicule | À remettre dans les 15 jours à la préfecture pour le vendeur | Établi en deux exemplaires. Vous devez délivrer à l'acquéreur le certificat de non-gage, le certificat de cession, la carte grise (barrée avec la mention « vendu le ») suivie de votre signature, le certificat et le rapport du contrôle technique de moins de 6 mois, si votre véhicule a 4 ans. |
| **Vos assurances**<br>Le contrat d'assurance | Jusqu'à sa résiliation | Il précise les risques pour lesquels vous êtes couverts. |
| Assurance vie | Décès/à vie | Informer le bénéficiaire |
| Les quittances des primes | 2 ans | |
| **Votre compte bancaire ou CCP**<br>Talons de chéquiers et relevés de compte | 10 ans | Ils serviront de preuve en cas de litige sur un paiement. Les banques ne gardent les relevés de compte que 10 ans (délai pour demander la rectification d'une erreur de compte). |
| Bordereaux de versement, ordres de virement<br>Photocopies des chèques pour les sommes importantes | Jusqu'à ce que vous en trouviez trace sur un relevé | Jusqu'au relevé, ils sont la seule preuve des opérations bancaires que vous avez effectuées. |
| **Vos impôts et taxes**<br>Déclarations de revenus et justificatifs.<br>Avis d'imposition et avis d'impôts locaux | 3 ans | Le fisc peut vous demander des arriérés d'impôt sur cette période s'il s'aperçoit d'une erreur ou d'une fraude. |

## Pour tout savoir

Site à consulter : www.pratique.fr

# Passer un contrat

| | Vous passez un contrat… | qui entraîne droit et obligations |
|---|---|---|
| **Vous vous mariez** | CONTRAT DE MARIAGE, signé par les époux devant un notaire avant le mariage civil | Gestion des biens et propriétés de chacun des époux, répartition en cas de dissolution du mariage. |
| **Vous concluez un PACS** | CONTRAT, signé par deux personnes, enregistré au greffe du tribunal d'instance | Organise les modalités de la vie commune dans un cadre juridique stable. |
| **Vous louez un logement** | CONTRAT DE BAIL, signé par le propriétaire et le locataire | Le propriétaire offre la jouissance du logement.<br>Le locataire paye un loyer et entretient le logement. |
| **Vous vous assurez** | POLICE D'ASSURANCE entre l'assureur et l'assuré | La compagnie d'assurances assure un dédommagement en cas de sinistre.<br>L'assuré paye une prime. |
| **Vous faites ouvrir les compteurs. Vous demandez le téléphone** | CONTRAT entre EDF-GDF et l'usager<br>CONTRAT entre les Telecom et l'abonné | L'électricité, le gaz ou le téléphone sont fournis.<br>L'usager paye les consommations et l'abonnement. |
| **Vous demandez un crédit** | CONTRAT de CRÉDIT passé entre vous et la société de crédit | Le vendeur fournit la marchandise.<br>La société de crédit paye le vendeur.<br>Le client rembourse le prix de la marchandise et les intérêts. |
| **Vous faites réparer, entretenir** | CONTRAT de GARANTIE avec le vendeur, ou<br>CONTRAT d'ENTRETIEN avec une société | Le vendeur, l'artisan, la société d'entretien exécutent certains travaux.<br>Le client paye. |
| **Vous voyagez** | CONTRAT avec la SNCF ou une compagnie de transports, matérialisé par le TITRE de TRANSPORT | La SNCF assure le transport des voyageurs avec obligation de sécurité.<br>Le voyageur doit être muni d'un billet composté. |
| **Vous vous faites soigner** | CONTRAT entre le MÉDECIN, le DENTISTE, l'ÉTABLISSEMENT HOSPITALIER et le malade | Le médecin, l'hôpital assurent le diagnostic et s'engagent à mettre en œuvre les moyens de la guérison.<br>Le malade ou les assurances payent. |

# Impôts

Dans quelle situation devez-vous faire une déclaration de revenus aux impôts ?

| | | |
|---|---|---|
| **Vous êtes célibataire, sans personne à charge** | Vous avez moins de 18 ans, deux possibilités | • Vos parents ajoutent vos revenus aux leurs, et vous ne faites pas de déclaration.<br>• Vos parents demandent l'imposition séparée : vous faites une déclaration. |
| | Vous avez 18 ans dans l'année, trois possibilités | • Vos parents ajoutent à leurs revenus ceux dont vous avez disposé jusqu'à la date anniversaire de vos 18 ans. Vous déclarez les revenus dont vous avez disposé à partir de cette date.<br>• Vos parents demandent une imposition séparée pour les revenus dont vous avez disposé jusqu'à vos 18 ans.<br>• Vous demandez le rattachement au foyer fiscal de vos parents pour toute l'année. |
| | Vous avez plus de 18 ans | • **Vous faites votre déclaration.**<br>Toutefois, vous pouvez demander le rattachement au foyer fiscal de vos parents si vous entrez dans l'un des cas suivants :<br>- vous avez moins de 21 ans ;<br>- vous avez moins de 25 ans et vous êtes étudiant ;<br>- vous effectuez votre service national. |
| **Vous êtes célibataire, vous avez un enfant à charge** | • **Vous constituez un foyer fiscal distinct de vos parents.**<br>Toutefois vous pouvez demander le rattachement au foyer fiscal de vos parents si vous entrez dans l'un des cas suivants :<br>- vous avez moins de 21 ans ;<br>- vous avez moins de 25 ans et vous êtes étudiant ;<br>- vous effectuez votre service national ;<br>- vous êtes infirme. | |
| **Vous êtes marié, avec ou sans enfants à charge** | • **Vous constituez un foyer fiscal à part.**<br>Toutefois vous demandez le rattachement au foyer fiscal de vos parents ou des parents de votre conjoint(e) si vous ou votre conjoint(e) entrez dans l'une des situations suivantes :<br>- moins de 21 ans ;<br>- étudiant(e) de moins de 25 ans ;<br>- service national ;<br>- personne infirme. | |

# Être locataire

| Démarches | Avant la location<br>Vous arrivez dans l'appartement | Pendant la location<br>Vous habitez | En fin de location<br>Vous quittez l'appartement |
|---|---|---|---|
| **Contrat de location** | • Vous devez exiger au moment de signer :<br>– la copie de la dernière quittance de loyer ;<br>– le montant réel des charges de l'année précédente ;<br>– la copie de l'état des lieux au départ du précédent locataire.<br>• Demandez-les à votre propriétaire ou à l'agent immobilier (mandataire du propriétaire). | Vous relisez chaque année votre contrat qui contient les conditions d'augmentation du loyer. | • Vous prévenez votre propriétaire 3 mois avant de quitter les lieux, par lettre recommandée avec accusé de réception.<br>• Relisez votre contrat : chapitre résiliation. |
| **État des lieux** | Vous notez par écrit l'état de l'appartement, pièce par pièce en présence du propriétaire, ou à défaut vous faites constater par un huissier. Dans ce cas, les honoraires sont à partager avec le propriétaire. | Vous devez demander à votre propriétaire l'autorisation de faire des travaux. | Vous faites un nouvel état des lieux qui sera à comparer au premier. En cas de dégradation importante, le propriétaire peut vous demander des dédommagements. |
| **EDF-GDF** | Vous demandez l'ouverture des compteurs (délai à prévoir).<br><br>Téléphonez à l'agence locale EDF (adresse dans l'annuaire) pour prendre rendez-vous. | Vérifiez les relevés ; en cas de facture erronée, prenez contact avec l'agence locale. | Prévenez votre agence locale pour le transfert d'abonnement (au plus tard 3 jours avant le départ). Vous téléphonez à l'agence locale pour prendre rendez-vous afin de faire fermer les compteurs. |
| **Eau chaude** | Vous avez un compteur individuel : demandez le relevé de celui-ci au syndic. Son adresse vous sera donnée par votre propriétaire. | Facilitez l'accès aux compteurs pour le relevé (environ 2 fois par an). | Demandez un relevé du compteur au syndic. |

| Démarches | Avant la location | Pendant la location | En fin de location |
|---|---|---|---|
| | Vous arrivez dans l'appartement | Vous habitez | Vous quittez l'appartement |
| **Téléphone** | Vous demandez le branchement payant ou le rétablissement de la ligne.<br>Téléphonez à l'agence commerciale en faisant le 1014. L'appel est gratuit.<br>Si vous déménagez, la même agence effectue la résiliation et l'ouverture de la nouvelle ligne | | Vous demandez la coupure de la ligne ou son transfert.<br>Téléphonez au moins 8 jours avant et signalez votre nouvelle adresse. |
| **Assurances** | • Vous devez vous assurer obligatoirement contre « l'explosion, l'incendie, les dégâts des eaux ».<br>• Vous pouvez vous assurer contre le vol.<br>Consultez différentes compagnies d'assurances et choisissez. | Vous avez fait des achats importants (meubles, chaîne hi-fi, magnétoscope...) : faites augmenter le capital assuré. | • Vous faites transférer vos assurances sur le nouveau logement en donnant sa description ou<br>• Vous résiliez le contrat en respectant le délai de préavis : relisez votre contrat dans les deux cas. |
| **Allocation de logement ou Aide personnalisée au logement** | Vous effectuez une demande auprès de la Caisse d'allocations familiales de votre domicile pour connaître la possibilité d'aides.<br>Adressez-vous à la mairie pour avoir l'adresse. | Vous bénéficiez d'une aide : faites remplir l'attestation envoyée par la Caisse concernant le montant de votre loyer (1 fois par an). | Vous signalez à la Caisse le changement d'adresse, le nouveau loyer.<br>Vous demandez si la prime de déménagement peut vous être versée. |
| **Taxe d'habitation** | Vous étiez locataire précédemment : vous payez pour le logement précédent.<br>Vous devez signaler votre nouvelle adresse au Centre des impôts. | | Vous aurez à payer la taxe d'habitation pour l'année en cours : signalez votre changement au Centre des impôts. |

Illustrations et cartes : Jean-Pierre Magnier
Illustrations des pages 123 et 145 : Nicolas Barral
Maquette intérieure : Thierry Méléard
Maquette de couverture : Favre-Lhaik/T. Méléard
Crédits photographiques :
Couverture : Archives Nathan : Déclaration
des droits de l'homme ; Assemblée nationale ;
défilé militaire (Sonneville) ; New York, ONU.
logo de l'administration française (p. 5)
© logo Cfdt ; © logo Cfe-cgc ; © logo Cgt ; © logo Cftc ; logo Fo (p.33)
archives Nathan (p. 39, 43, 45)

N° projet : 10135658 - C2000 - septembre 2006
Imprimé en France par EMD S.A.S. - 53110 LASSAY-LES-CHÂTEAUX - N° 16071